中国篮球运动发展报告

DEVELOPMENT REPORT OF CHINESE BASKETBALL (2021)
GENERAL CHARACTERISTICS AND
DIVERSIFIED VALUE COGNITION

总体特征与多元价值认知

中国篮球运动发展研究课题组　著
孙湛宁　毕向阳　胡博然　执笔

（2021）

社会科学文献出版社
SOCIAL SCIENCES ACADEMIC PRESS (CHINA)

中国篮球运动发展研究
课题组

总　策　划　姚　明（中国篮球协会）

策　　　划　涂　猛（中国篮球协会）

　　　　　　张　庆（关键之道体育咨询有限公司）

主 持 机 构　中国篮球协会

执 行 机 构　北京体育大学中国体育政策研究院

　　　　　　北京群学城乡社区发展研究院

课题组成员　孙湛宁（执笔）（北京体育大学）

　　　　　　毕向阳（执笔）（中央民族大学）

　　　　　　胡博然（执笔）（北京体育大学）

　　　　　　曹燕飞（中国篮球协会）

　　　　　　纪泓序（中国篮球协会）

　　　　　　姜　冠（中国篮球协会）

顾　　　问　沈　原（清华大学）

　　　　　　鲍明晓（北京体育大学）

　　　　　　薛　原（人民日报）

　　　　　　王镜宇（新华社）

特 别 鸣 谢　新华社体育频道

人民日报体育频道

中青在线体育、校园频道

网易体育频道

虎扑体育频道

上海兰华制球有限公司

北京益派数据有限公司

序　一

　　1891年，当耐史密斯博士发明篮球这项运动的时候，他应该无法预料到，经过百余年的发展，这项运动已风靡全球。在中国，篮球正在成为亿万青少年参与最为广泛的球类运动项目。围绕篮球，从竞赛表演到全民健身，从媒体传播到装备制造，篮球事业蓬勃兴起，篮球产业日益壮大，在建设体育强国过程中发挥着积极作用。全面认识篮球运动多元化的社会价值，深入探索适应现代社会的价值创造之路，具有十分重要的现实意义。

　　习近平总书记指出，"体育承载着国家强盛、民族振兴的梦想。体育强则中国强，国运兴则体育兴"。加快建设体育强国，就要坚持以人民为中心的思想，把人民作为发展体育事业的主体，把满足人民健身需求、促进人的全面发展作为体育工作的出发点和落脚点，落实全民健身国家战略，不断提高人民健康水平。

　　从事篮球工作，我们深知肩负的责任与使命，特别是面对体育强国建设新阶段、协会实体化改革新机遇与三大球振兴新目标，中国篮协主动创新"十四五"规划编制工作机制，贯彻"动员全社会、服务篮球人、推进现代化"的工作理念，经过内部动员、自下而上申报、整体统筹等阶段，最终明确了12个专项课题，形成了"一二四"战略研究模型，即一个中心——以中国篮球事业标准体系建设为中心，两个基本点——以篮球技战术发展规律和篮球社会价值为基本点，四个工作抓手——构建国家队、会员体系、专业人才、竞赛体系四大工作抓手。其中，K4课题"中国篮球运动多元价值的社会认知"，既发挥深度链接"场外"、首次系统获取中国篮球发展现状一手资料的战略功能，又为其他课题研究与中国篮协重大决策提供事实依据。本书是"中国篮球运动多元价值的社会认知"课题研究工作的产出成果与智慧结晶。

自课题启动之始，以篮球领域的"资源供给、组织变革、技术应用"为出发点，以科学的社会学方法论为指导，以分类分层、大样本量的统计数据为基础，依托现代信息处理工具和行业专家分析经验，对我国篮球人口的基本情况及其对篮球运动认知和需求展开深入调研，最终形成了这本数据翔实、分析全面、重点突出的阶段性成果。这一成果将为中国篮球协会下一步改革发展提供坚实的认知基础和决策依据，同时为相关从业者全面了解我国篮球运动发展现状提供了翔实的研究数据。

这里，我谨代表中国篮球协会，对课题组全体成员所付出的艰苦努力，对课题调研所涉单位和个人的积极参与表达最诚挚的谢意！今后，中国篮协会把该项研究常态化，结合实践成果充实完善研究内容，助力科学决策，推动事业发展。

中国篮球协会将继续以"动员全社会、服务篮球人、推进现代化"为宗旨，积极发挥行业协会的功能作用。我们热诚欢迎社会各界积极投入和参与篮球运动的发展，各尽所能，携手开拓，

共同为建设体育强国和健康中国贡献自己的力量!

相信体育的力量,让平凡伟大。

姚明

2021 年 9 月 22 日

序　二

　　进入新发展阶段、贯彻新发展理念、构建新发展格局是当代中国发展的时代脉络，也是党中央、国务院对当下中国社会提出的整体性、统合性要求。体育事业是社会主义现代化建设的重要组成部分，把握这一时代脉络，推动体育发展质量变革、效率变革、动力变革是全面建设体育强国的必然要求。

　　篮球是国际化程度高、大众喜爱、文化影响力大、市场基础好的运动项目，如何在全面建设体育强国新征程中，推动项目高质量发展是一个战略问题。2020 年中国篮球协会启动了 12 个关于篮球运动可持续、高质量发展的专题研究。本书是其中的一个重量级课题——K4 课题"中国篮球运动多元价值的社会认知"。承担课题研究的两位社会学专家是北京体育大学的孙湛宁老师和中央民族大学的毕向阳老师。在协会领导和各部门的关心支持下，课题历经一年，经过理论研究、专家访谈、社会广泛调研、数据整理分析、形成报告等环节，最后形成终稿。我参加了这个课题的结题答辩。这个课题调研内容的丰富性和覆盖面的广泛性给我留下了比较深刻的印象。体育界历来重视实践，不太重视业务数据的保存和分析使用，这在日常工作中是比较大的缺憾。篮球运动在中国发展已逾百年，篮球发展情况如何、广大篮球爱好者对篮球项目的看法和期待是怎样的、应如何满足广大人民群众的多元化需求，各级篮球主管部门从业者都需要全面了解，在工作中才能做到有的放矢。本书从社会学角度所做的理论分析和数据解读让人耳目一新，与以往大家的感性认识有较大不同，对篮球协会下一步的供给侧改革、向社会提供更多符合人民群众需要的篮球产品和服务、提升篮球治理能力有指引和借鉴价值。

希望这样有价值的专题能持续开展跟踪研究，积累更多更加有用的实证数据，为建设体育强国和健康中国、提升文化软实力和推动篮球项目的健康发展做出贡献。

鲍明晓

2021 年 8 月 15 日

前　言

作为深受我国人民群众喜爱的体育项目之一，篮球运动对国家和民众具有多元化的社会价值和功能。2019 年，国务院印发《体育强国建设纲要》，提出全面推动足球、篮球、排球运动的普及和提高。篮球运动是推动体育强国建设和群众体育发展的主要抓手，了解我国篮球运动发展的核心要素，即篮球人口的基本情况、篮球运动认知和需求，具有重要意义。

"中国篮球运动多元价值的社会认知"课题的研究主要基于以下几个维度考虑：第一，我国篮球运动发展的政策环境；第二，我国篮球运动的发展现状与现实矛盾；第三，篮球协会实体化改革与治理现代化；第四，疫情防控常态化条件下篮球运动发展路径的调整与适应。

课题组委托益派数据在线样本库云调查平台开展了基于随机抽样方法的"中国公众日常活动态度与行为调研"，并分别对公众、青少年、运动员/特长生、业内人士、篮协系统、专业机构开展了篮球运动专项问卷调查。

本书基于问卷调查的数据撰写，是课题研究的主要成果。本书共分为十一部分：第一部分为总论，主要交代研究背景，阐明研究核心内容；第二部分为技术说明，主要介绍调查概况，并对各项调查的技术指标、形式与过程进行说明；第三部分为篮球人口画像，主要基于在线样本库随机调查数据刻画篮球人口规模和总体特征；第四部分到第十部分是对我国篮球运动发展相关问题的专题研究，涉及篮球运动参与与篮球运动场地、篮球运动目标认知与价值认知、家庭篮球与女性参与、学校篮球与体教融合、篮球消费与篮球培训市场、篮球赛事与篮球公益事业发展、篮球运动员/特长生职业生涯与规划等方面的研究；第十一部分为结论与相关建议（后附相关图表）。

本书主要发现和研究结论包括以下几个方面：

（1）全国6~65岁人口中，打篮球的人口比例为10.9%；将篮球作为主要体育运动的人口比例为6.7%，在所有球类项目中居首位，在所有体育运动中位于前列。据此推算，全国6~65岁年龄段"一般篮球运动人口"总规模约为1.25亿人，"核心篮球运动人口"约为7610万人。

（2）参与篮球运动的年龄阶段呈正偏态分布；对于15~25岁年龄段的人口来说，篮球是其最重要的体育运动项目，打篮球的比例达20%，在15~25岁城市男性人口中，以篮球为主要体育运动项目的比例甚至超过跑步。就性别差异问题而言，在所有球类运动中不同性别参与篮球运动的比例差异最大。

（3）篮球运动是最有利于培育集体性社会资本的运动项目，适合不同阶层和不同职业的人群参与；公众及青少年对篮球项目的认可度居三大球类运动之首。

（4）坚持3年以上（64.0%）、每次1~2小时（50.4%）、每周1~2次（55.5%）是篮球人口参与行为的主要特征，篮球人口的锻炼时长、强度和频率均高于经常参加体育锻炼人口的基本要求。

（5）我国公众及青少年将促进身心健康作为参与篮球运动的主要目的，公众、青少年以及运动员/特长生、业内人士、专业机构等不同主体，都将培养青少年篮球后备人才视为我国篮球事业发展的重要目标。

（6）学校是青少年获得篮球技术的主要渠道。

（7）篮球培训正在成为青少年体育教育的重要组成部分，篮球培训市场达到千亿规模。

（8）我国公众对篮球运动的主要需求是不同级别与规模的篮球赛事。

（9）我国篮球运动员的职业发展基本符合预期，运动伤病保障意识和保险意识有待提高。

本书依据问卷调查数据和篮球运动规律，提出以下建议。

（1）针对不同群体的特征，制订精准方案以扩大篮球人口规模。

（2）充分利用技术、经济、社会等手段，营造"体育＋社交"的多功能篮球社区。

（3）构建本土篮球赛事体系，推动篮球赛事下沉。

（4）促进国内篮球产业和篮球消费的内生发展，促进地域文化与篮球文化融合。

（5）注重篮球运动空间的扩展，促进虚拟空间与现实空间篮球活动的整合。

（6）重视篮球运动在增强民族凝聚力方面的作用，发挥篮球运动的公益效能，使发展篮球运动与培育集体性社会资本相互促进。

（7）关注在（退）役运动员的保险和保障需求，以运动员专项保险来应对参赛风险和保障个人权利。

希望课题调查的基础性数据和研究成果能为篮球运动"十四五"规划的制定提供科学依据与参考，对我国篮球运动健康和可持续发展有所助益。

目 录

第1章
研究背景与议题

1.1 研究背景

作为深受我国人民群众喜爱的体育项目之一，篮球运动具有多元化的社会价值和功能。了解我国篮球运动人口的数量、分布、结构和特征，研究我国公众对篮球运动的认知和需求，是研判篮球资源供给、把握我国篮球运动发展方向的重要基础。

中国篮球运动多元价值的社会认知研究，主要基于以下几个维度考虑。

第一，我国篮球运动发展具有较好的政策环境。新时代我国体育事业和体育产业的发展已取得长足进步，这在很大程度上得益于良好的体育政策环境及其引导的健康生活方式。国家有关职能部门已出台的有关篮球运动的政策和文件，涉及教育、场地、赛事等多个方面。《关于强化学校体育促进学生身心健康全面发展的意见》（2016）提出"大力推动足球、篮球、排球等集体项目"的发展。《"健康中国2030"规划纲要》（2016）将体育运动的作用和价值提升到新的战略高度，国家鼓励公众进行体育健身活动以实现国民身体素质的提升。《进一步促进体育消费的行动计划（2019—2020年）》（2019）提出"支持社会力量举办各级各类赛事活动，打造一批有影响力、高质量的品牌赛事；加快足球、篮球等职业赛事改革进程，发挥其作为体育消费龙头的带动作用"。《体育强国建设纲要》（2019）提出"构建政府主导、部门协同、社会力量积极参与的三大球训练、竞赛和后备人才培养体系；完善职业体育联赛体制机制，充分发挥俱乐部的市场主体作用，培育形成具有世界影响力的职业联赛"。《关于促进全民健身和体育消费推动体育产业高质量发展的意见》（2020）提出"合理利用公园用地、市政用地等建设足球场、篮球场、排球场等体育设施"。《"十四五"体育发展规划》提出"全面推动'三大球'等集体球类项目的普及与提高，加强对集体球类项目的布局和扶持"。国家从宏观政策层面出台的一系列有关体育行业发展的文件，为我国篮球运动发展营造了良好的外部环境，鼓励通过多种手段满足人民群众多样化、差异性的体育需求，将人民群众的体育需求融入国家层面的体育需求之中。

第二，我国篮球运动的发展现状与现实矛盾。作为中国民众参与率、普及程度、市场化和职业化程度较高的项目之一，篮球运动在国家层面、市场层面与社会层面的价值、需求、供给和参与情况受到广泛关注。就国家层面而言，中国篮球国家队多次在奥运会、世界大赛、亚洲比赛中取得较好成绩，篮球是三大球中较为成功的集体项目之一。就市场层面而言，1995年中国篮球职业化改革以来，二十余年的职业化道路打造了CBA、WCBA、NBL联赛等赛事，多家底蕴丰厚、成绩突出的职业俱乐部已经成为所在地域的体育名片。就社会层面而言，篮球在我国拥有较好的群众基础和参与条件，尤其在青少年中普及程度较高。然而，由于近年来国家队竞技成绩下滑，职业联赛赛制改变，篮球运动的发展需要新的动力机制，以促进篮球运动在国家、市场和社会三个层面的有效参与、价值实现、需求满足和资源供给的深度融合，解决我国篮球运动发展过程中资源配给不平衡不充分的矛盾。

第三，篮球协会实体化改革与治理现代化的要求。目前，体育领域内民众的需求日益增加并多元化，新业态不断涌现，单靠体育行政部门的力量已经无法满足，需要激发社会力量的活力，使体育公共服务有效供给更加丰富多样，最终满足人民群众日益增长的体育需求和对美好生活的向往。在社会变迁与体制转型的过程中，面对新的社会形势与要求，中国篮球协会作为全国性、行业性社会组织，要进一步创造性地发挥引领作用，充分动员社会力量，通过体育政策、市场以及技术组织方式，充分有效地整合并利用社会资源，促进中国篮球运动的发展。

第四，疫情防控常态化条件下篮球运动发展路径的调整与适应。新冠肺炎疫情给篮球运动带来了较大冲击，"线上体育""互联网体育"等体育方式的兴起虽然有助于维系体育人口的运动惯习，满足了疫情期间我国民众的部分体育需求，但是篮球运动不仅需要线下的场地，也需要一定数量人群的对抗和交锋，对可便捷到达的场地和可信任球友的要求较高。在经营性体育场馆和学校等公共体育资源使用受到严格限制的情况下，社区篮球的发展就显得尤为重要。此外，由于活动规模、场地、人数等方面的限制，新冠肺炎疫情也给我国篮球行业的发展带来了冲击。中国篮球人顶住压力、克服万难，中国男子篮球职业联赛率先实现了复工复产，其社会价值远远大于经济价值，但仍需了解疫情防控新常态下我国篮球运动的价值和民众需求，以便做到相应发展路径的调整。

1.2　研究核心内容：需求与供给

1.2.1　篮球运动的多元需求

党的十九大报告提出，中国特色社会主义进入新时代，我国社会主要矛盾已转化为人民日益增长的美好生活需求和不平衡不充分的发展之间的矛盾。就篮球运动发展来看，一方面，新中国成立以来，我国篮球运动取得了突出的成绩，在竞技体育、群众体育、学校体育、体育产业等方面都取得了长足进步；另一方面，随着社会的不断发展，公众的体育需求也在不断发生变化，公众对篮球运动的需求早已超出单一维度的竞技成绩需求，转变为集竞技、休闲、文化、健身、社会交往于一体的多元需求。从篮球运动发展本身来看，可以分为国家、市场、社会等多方面需求，它们具有系统性、动态性和共生性的特征。

（1）国家需求

改革开放以来，我国的综合国力和国际地位不断提升，体育事业的政治价值逐渐淡化，篮球运动需求呈现动态化特征。除了国家队参加奥运会、世界大赛、亚洲比赛层面的核心赛事以外，我国篮球运动还承担着推动国际交流合作、培养后备人才、促进群众参与、进行职业化改革、开展学校教育等多种任务。随着时代的发展，国家对篮球运动的多元需求，需要加以厘清和明确重要性和优先性。

（2）市场需求

篮球运动的市场价值和产业价值伴随着我国改革开放和社会主义市场经济体制的建立逐渐彰显。在计划经济时代，我国篮球事业发展、资源分配长期处于政府指令阶段。20世纪90年代以来，在国家体委领导下，体育领域开启了职业化和市场化进程。2014年，国务院印发《关于加快发展体育产业促进体育消费的若干意见》以来，我国体育领域市场化改革进程加快。1995年全国男篮甲A联赛开始走向市场，这是后来"中国男子篮球职业联赛"的雏形。自此，中国篮球开始了职业化的尝试。篮球运动作为一项具有极大商业价值和市场潜力的项目，可以带动国家经济、地方经济以及体育行业经济发展，其市场需求亟待深入挖掘。

（3）社会需求

在我国篮球运动需求系统中，社会需求的主要着力点是公众需求，包括身心健康需求、性格养成需求、技能获得需求和休闲娱乐需求等方面。这些需求有机结合在一起，其特点是发展快、变化大、反应直接，并与国家、市场等需求联系紧密。对公众需求的满足是国家需求、市场需求满足的基础和条件，也是国家需求、市场需求满足的重要抓手。新中国成立初期，国家需求与公众需求较为单一，篮球运动的主要使命是为国争光和增强人民体质。改革开放后，公众篮球需求的多元化、差异化日益明显，既包括高水平赛事的观赏性需求、亲身参与的运动需求和休闲娱乐需求，也包括社会交往和社会融入需求。

目前，由国家力量和市场力量推动的篮球运动在国家队和职业联赛方面取得了令人瞩目的成绩，但篮球运动的社会需求未得到充分重视，社会力量始终处于被支配状态。随着我国体育治理体系和治理现代化目标的确立，我国篮球运动需要更加协调稳健地发展，充分了解民众的需求，协调篮球场（馆）资源，打通各级篮球赛事，打造中国民众自己的篮球赛事，让社会起到承接国家要求、联结市场、为民众服务的纽带作用，弥补政策缺失、市场失灵的关键部分，承担满足民众篮球运动需求的重要功能。

鉴于篮球运动多元需求的系统性、动态性和共生性，篮球需求的满足必须注重各层面需求的中间环节、转换过程和机制，从而促进需求各方的有效转换和互动。

1.2.2　篮球运动多元供给渠道

我国体育事业发展中"需求—供给"这对矛盾集中体现了现有的体育资源，无论是在数量、质量还是在结构上，都尚未充分满足国家与民众的体育需求。当前我国篮球运动的供给渠道主要包括国家、市场与社会，其中国家渠道占据主导地位，市场主体正处于初步成型期，社会组织仍处于发展阶段；供给特征由篮球需求的结构以及结构内部各因素的相互关系所决定，并直接影响到供给产品、供给机制以及供给主体的顺序、重点和节奏，最终影响到供给的有效性和民众篮球需求满足程度。

（1）国家供给

新中国成立后，国家行政手段的资源供给始终是我国体育事业发展的主要动力，这种资源调配方式在特定时期内能集中有限资源办大事，在体育关键领域实现突破式发展。计划经济时期，我国篮球资源调配主要借助国家体育行政事业单位的权力、财务、制度、机制等管理手段，以国家为主导的篮球供给渠道使我国篮球运动取得了较大进步，体现在竞技篮球水平相对稳定、群众篮球运动不断普及、校园篮球发展良好、国际交流日渐增强等方面。然而，国家主导的供给方式也有较大的局限性，集中表现在体制机制的不通畅导致调动社会资源和吸纳市场力量推动篮球发展的渠道和机制不畅，多渠道、多层次的后备人才培养体系不健全，篮球文化建设滞后，群众参与不充分等。为了适应经济社会发展和协会实体化改革要求，2014 年以来，国家先后出台了一系列文件促进篮球产业发展、推动赛事改革和培养青少年后备人才，旨在着力解决原有发展模式存在的问题，调动市场主体和社会组织活力，满足各主体对篮球运动快速发展的需求。

（2）市场供给

我国篮球运动市场供给渠道在一定程度上是伴随着职业联赛成长而发展的。20 世纪 90 年代以来，我国篮球领域的职业化改革和市场化改革初见端倪。近年来，市场经济高度繁荣和体育产业的蓬勃发展为我国篮球运动的市场供给带来了全新的机遇，拓展了全新的渠道，体育产业与篮球产业逐步升级。作为中国最高等级篮球联赛的中国男子篮球职业联赛（CBA），逐渐显现出极大的市场价值，带来了稳定增长的商业机遇，篮球培训、篮球竞赛、球员经纪、篮球装备用品制造与销售持续活跃，产业规模持续扩大，产业链不断拓展，带动作用日趋增强。目前 CBA 的赞助商及合作伙伴已覆盖 11 个不同行业，我国篮球运动赛事的赞助金额占据中国体育赞助市场的较大份额，市场供给在我国篮球运动发展的过去 30 年间是仅次于国家供给的力量。然而，新冠肺炎疫情使 CBA 受到了重大冲击，如何通过社会力量的发展稳定篮球项目的群众基础，从而维持观众、球迷和粉丝规模并逐渐扩大篮球人口，同时通过市场收益反哺篮球人口，是一个极为重要的议题。

（3）社会供给

政府与社会力量在公共服务领域内的良性互动是现阶段保障公共服务高效运转的重要手段。从目前情况来看，我国体育领域社会供给的主体是社会团体、基金会和民办非企业组织等各级各类已注册体育社会组织和若干未注册草根体育社会组织，它们对我国青少年篮球、基层篮球、边远贫困地区篮球运动发展起到了重要作用。以姚基金为例，该组织自 2012 年起正式启动"姚基金希望小学篮球季"项目，旨在缓解乡村小学体育师资不足、体育课程和体育活动缺失的问题，让更多乡村学生能够有机会参与篮球运动。此外，姚基金慈善赛通过体育比赛、慈善拍卖、学校探访等形式，联合体育、娱乐、财经等各界精英，共同为希望工程助力，体现出社会力量在体育事业发展中的重要作用。"2020 姚基金慈善赛"将举办地放在了武汉，以篮球的方式向抗疫英雄和武汉致敬，取得了极好的社会反响和传播效果。此外，脱钩后的各地方篮球协会逐步转变为社会组织，北京、广州、上海、南京、连云港、内江等地的市级篮协已明确提出"服务社会、服务公益"的目标，通过与政府、学校、社区等多方力量合作，服务民众和青少年，共同助力篮球运动发展。可以说，社会供给是未来我国篮球运动发展最具潜力、最有价值的渠道。因此，应重视和拓展社会供给渠道，引导社会资源和社会主体在篮球后备人才培养、篮球生态圈建设和篮球科技进步等方面做出贡献。

1.2.3　篮球运动的多元价值

篮球运动作为一种体育项目和社会文化活动，具有多个层面的价值，如社会价值、市场价值、文化价值、娱乐价值、竞技价值和健康价值，各价值系统之间相互耦合、彼此促进。

（1）社会价值

篮球运动属于依赖配合与协作的团队项目，运动员虽然在各自俱乐部代表地域和城市荣誉，但是在代表国家队参加比赛时，代表的是国家形象，将国家荣誉、团队的凝聚力和责任感传递给公众，进而促进社会团结与社会稳定。新冠肺炎疫情的发生使全球体育和我国体育事业遭受了严重影响，CBA 严格落实疫情防控措施，克服多重困难，率先复赛，向社会传递了体育运动的积极信号，即传承体育价值、振奋民众精神，代表了健康、拼搏、公正、公平的文明形态和生活方式，有利于重建社会信任。同时，篮球运动具有跨越民族、种族、性别、阶层、年龄和特殊人群的特点，也是最具跨社区性的体育运动项目，能够最大限度地调动社会积极性，从而培育和构建集体性社会资本。因此，厘清篮球运动项目的社会价值是极为重要的研究内容。

（2）市场价值

篮球运动在全社会的受关注程度得益于篮球运动的职业化进程。随着社会公众对篮球运动的理解逐渐深入，篮球人口大大增加。这种利好变化，一方面使篮球运动市场份额提升，品牌价值链和影响力逐步扩大，篮球产品的消费者人群急速增长，篮球运动的社会基础更为坚实；另一方面，我国篮球运动的普及培养和造就了大量核心球迷和泛球迷，而这些人群是否能转化为消费者，篮球产业的消费又如何通过篮球事业反哺篮球人口，形成该领域的良性循环和有效供给，亟须来自实践的深度研究。

（3）文化价值

篮球运动的文化价值体现在多个维度。篮球俱乐部彰显的地域符号和社区符号，能吸引具有支持态度的球迷形成彼此认同，进而上升到对城市和社会的认同。篮球运动能增强国家凝聚力和民族自豪感，形成具有中国特色的篮球精神。新时代篮球运动的文化价值更加丰富多元，无论是篮球荣誉体系的建设，还是篮球运动所承载的项目文化，抑或是地域文化、赛场文化、球迷文化，都是篮球运动特有的魅力和持久发展的动力。

（4）健康价值

参与篮球运动的健康价值体现在身体健康、心理健康、精神健康三个层面。篮球运动健康价值最基本的体现是提高个体的身体健康水平；其次是发挥篮球运动"社会减压阀"的作用，在娱乐身心的过程中，激发爱国热情，增强民族自豪感，从而维持社会的安定与团结；最后，作为一项典型的团队性运动项目，篮球运动所宣扬的公平竞争、团结、协作等观念，可以激励民众的奋斗精神和拼搏精神，有助于促进社会规范内化，养成健康人格，促进社会融入和社会整合。

在中国篮协为完成协会"十四五"规划而拟定的若干课题中，本课题将篮球运动置于社会发展的整体性视角中，结合我国体育行业发展的总体趋势，通过定量与定性相结合的实证研究，来了解我国篮球人口的总体规模、分布情况、结构和特征，探讨我国篮球运动的多元化价值和公众对篮球运动的需求，为篮球运动发展规划提供数据支撑和决策咨询建议，以期推动篮球运动健康发展。

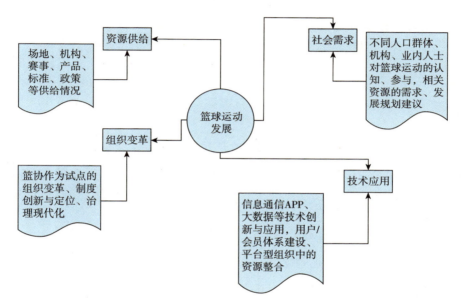

图1-1 课题的框架定位

第2章
研究方法与技术路线

2.1　调查概况

为了完成"中国篮球运动多元价值的社会认知"课题研究，按主题和研究对象人群，课题组分别开展了"全国公众篮球运动态度与行为调研""全国青少年篮球运动态度与行为调研""篮球运动发展调研——运动员/特长生卷""篮球运动发展调研——业内人士问卷""篮球运动发展调研——篮协系统卷""篮球运动发展调研——专业机构卷"六个专项调查。① 调查自 2020 年 12 月 4 日开始，至 12 月 20 日止。各调查问卷回收量依次为 8888 份、7556 份、1765 份、2586 份、158 份和 258 份。经核实，有效调查问卷量分别为 8881 份、7537 份、1725 份、2577 份、158 份和 258 份。

专项调查采用非随机抽样的抽样方法且以篮球运动为主题，会

---

① 《中国篮球协会关于发布中国篮球运动发展的问卷调研的函》，中国篮协，ht-tps：∥www.cba.net.cn/otherAreagfxx/2000.jhtml，可指向各专项调查问卷链接。专项调查以问卷星为平台开展，公众卷作为模板亦可参见《全国公众篮球运动态度行为调研》，https：∥www.wjx.cn/xz/97268311.aspx，最后访问日期：2021年 5 月 29 日。

官方公告　　国家队　　篮球赛事　　三人篮球　　青少年　　小篮球　　社会篮球

中国篮球协会关于发布中国篮球运动发展的问卷调研的函

篮球运动发展,问卷调研

2020-12-04 15:36:47

各位调研参与者:

　　2020年12月4日开始,北京体育大学中国体育政策研究院主持的"全国公众篮球运动态度与行为调研"(点击进入)和"全国青少年篮球运动态度与行为调研"(点击进入)全面启动。此次调研受中国篮球协会委托,目的是为了更好地反映当代中国公众对于篮球运动的态度和锻炼行为,为中国篮球协会制定"十四五"篮球运动发展规划提供建议。

　　此次调研事关我国篮球运动今后5年及长远的发展,涉及居民篮球运动与健康、社区篮球运动开展、大中小学生与篮球运动相关的体教融合政策落实等,欢迎各界朋友包括青少年朋友(不管运动还是不运动)积极参与,发出自己的声音,表达自己的意见和建议,实质性地参与到篮球运动的发展规划之中。

　　该调查完全匿名,问卷严格保密,只以统计的形式呈现,不会用于研究以外的任何用途。回答也不涉及是非对错,只要按照实际情况和感受逐一回答即可。

图 2-1　篮协关于本次调研的函件

全国公众篮球运动态度与行为调研

各位朋友:

　　受中国篮球协会委托,为了更好地反映当代中国公众对于篮球运动的态度和锻炼行为,为中国篮球协会制定"十四五"篮球运动发展规划提供政策建议,我们进行此次问卷调研,希望您能参与。

　　本次调查完全匿名,我们将遵守有关统计法规,对问卷予以严格保密,调查结果只以统计的形式呈现,不会用于研究以外的任何用途。回答时请不要与其他任何人讨论,因为需要的是您个人的意见。您的回答也不涉及是非对错,请按照您的实际情况和感受逐一回答每个问题即可。

　　对您的合作与支持,我们表示衷心的感谢。调查结束后,我们将在全部合格问卷中随机抽奖。设一等奖5名,奖品价值599元华为无线蓝牙运动耳机;二等奖20名,奖品价值399元华为4pro运动手环;三等奖150名,奖品价值128元兰华篮球一个;四等奖150名,奖品价值100元的李宁运动背包一个;五等奖150名,奖励价值45元的兰华球帽一顶;参与奖300名,价值20元的运动毛巾一条或篮协钥匙链一个(其他细节请见问卷说明及官网介绍)。

　　如果您有什么疑问或者愿意更深入介入此项目,请与我们联系。课题组电话:13521914759;邮箱:10043 20180136@bsu.edu.cn。官方活动主页: https://www.cba.net.cn/。

北京体育大学中国体育政策研究院
2020年12月

图 2-2　专项调研问卷封面(以公众卷为例)

影响对某些基础比例的估计，为了客观准确地估计全国篮球运动人口，并为公众子女和青少年卷数据计算权重提供依据，课题组委托益派数据在线样本库云调查平台开展了"中国公众日常活动态度与行为调研"。①调查依据国家统计局《2015 年全国 1% 人口抽样调查资料》相关数据，以区域、城乡、年龄作为分层依据，在全国八大区域（不含港澳台）采取多阶段不等概率分层抽样设计，样本量为 7081。调查自 1 月 20 日开始，至 2 月 3 日结束。经核实，有效调查问卷量为 7075 份。②

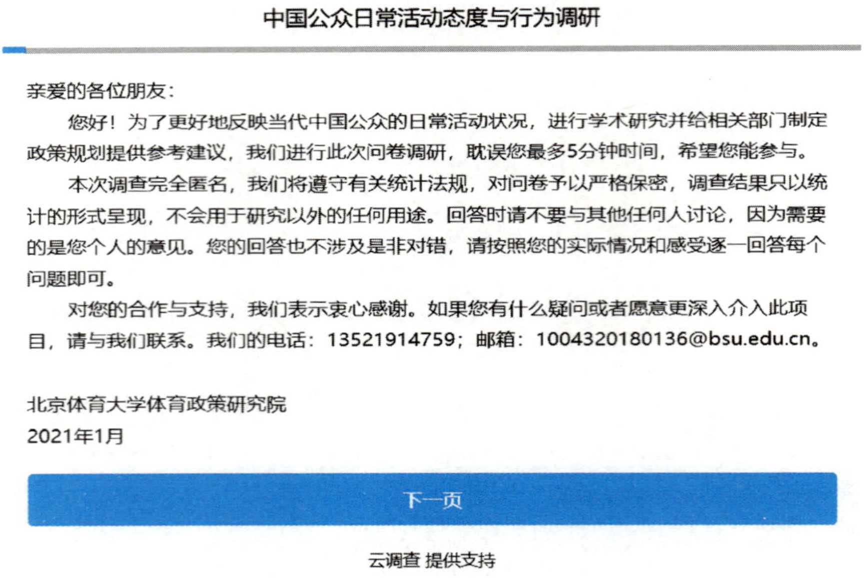

中国公众日常活动态度与行为调研

亲爱的各位朋友：

您好！为了更好地反映当代中国公众的日常活动状况，进行学术研究并给相关部门制定政策规划提供参考建议，我们进行此次问卷调研，耽误您最多5分钟时间，希望您能参与。

本次调查完全匿名，我们将遵守有关统计法规，对问卷予以严格保密，调查结果只以统计的形式呈现，不会用于研究以外的任何用途。回答时请不要与其他任何人讨论，因为需要的是您个人的意见。您的回答也不涉及是非对错，请按照您的实际情况和感受逐一回答每个问题即可。

对您的合作与支持，我们表示衷心感谢。如果您有什么疑问或者愿意更深入介入此项目，请与我们联系。我们的电话：13521914759；邮箱：1004320180136@bsu.edu.cn。

北京体育大学体育政策研究院
2021年1月

下一页

云调查 提供支持

图 2 - 3　在线样本库问卷封面

① 问卷地址：https://www.epanel.cn/evt/C0410B25A7F04B51DFBDE70400495078，《中国公众日常活动态度与行为调研》，由于该平台已结束调查无法浏览，请参见预览版问卷 https://www.epanel.cn/works/257429/preview。益派数据在线样本库专属样本组 200 万规模。
② 国家统计局人口和就业统计司：《2015 年全国 1% 人口抽样调查资料》，中国统计出版社，2016。

表 2 − 1   各调查问卷情况

调查项目	调查形式	有效样本量
中国公众日常活动态度与行为调研	在线样本库	7081
全国公众篮球运动态度与行为调研	一般专项	8881
全国青少年篮球运动态度与行为调研	一般专项	7537
篮球运动发展调研——运动员/特长生卷	业内专项	1725
篮球运动发展调研——业内人士卷	业内专项	2577
篮球运动发展调研——篮协系统卷	业内专项	158
篮球运动发展调研——专业机构卷	业内专项	258

2.2   在线样本库调查技术指标

2.2.1   抽样情况

综合考虑疫情、调查成本和问卷长度等因素，本课题的基础调查采取在线样本库方式进行。①在线样本库调查的抽样过程完全随机，样本与篮球运动没有任何特殊联系，且调查问卷未特殊对待包括篮球在内的任何体育运动项目，因此可以客观准确地估计全国篮球人口规模，并为其他调查数据权重计算提供依据。

考虑到研究重点和成本控制因素，本次在线样本库调查采取

---

①   在线样本库（online panel）是专业调查公司根据受访者的特性、共性加以分类、组织、存储而形成的数据集合。在线样本库调查是融合了调查研究公司的专业经验与先进的 IT 技术的抽样调查，具有快速、高效、精准等特点，是业界领先的一种全新调查模式，也是一种创新的调查手段。它在调查比较普及的欧美等发达国家，已经被大量应用，并受到推崇，参见 http：//baike. baidu. com/i-tem/在线样本库。

的是多阶段不等概率分层抽样设计。为了保证抽样的代表性，课题组事先依据2015年国家统计局全国1%人口抽样调查资料数据的区域、城乡和年龄字段进行了分层处理（见表2-2、表2-3、表2-4）：城乡分为城市、乡村和乡镇三个类别，按65%、20%和15%的比例配额；年龄比例适当调整，增加中青年比例；区域采取自然的分布结构。具体抽样、调查、质控过程由北京益派数据科技有限公司项目组负责，课题组成员参与全过程追踪。

表2-2 区域划分

区域	省、自治区、直辖市					
东北地区	辽宁	吉林	黑龙江			
华北沿海	北京	天津	河北	山东		
黄河中游地区	河南	山西	内蒙古	陕西		
华东沿海	上海	江苏	浙江			
华南沿海	福建	广东	海南			
长江中游地区	湖北	湖南	安徽	江西		
西北地区	甘肃	青海	宁夏	新疆		
西南地区	云南	广西	贵州	重庆	四川	西藏

统计分析之前，在线样本库调查数据从性别、年龄、文化程度、区域、城乡等方面根据1%人口抽样调查数据进行评估和加权调整，以保证样本的代表性。

在线样本库调查问卷除了询问被访者本人的运动情况外，对于有在调查年龄范围内子女的样本，还询问了被访者子女的运动情况。这样问卷数据经过拼合处理，去掉主问卷18岁以下重复的部分，可以推论全国6~65岁人口的运动情况。

表 2-3　在线样本库调查样本配额表

区域	类型	18 岁以下	18~25 岁	26~30 岁	31~40 岁	41~50 岁	51~60 岁	61~65 岁	合计
东北地区	城市	19	77	77	96	58	39	19	386
东北地区	乡村	6	24	24	30	18	12	6	697
东北地区	乡镇	4	18	18	22	13	9	4	542
华北沿海	城市	35	139	139	174	105	70	35	535
华北沿海	乡村	11	43	43	54	32	21	11	642
华北沿海	乡镇	8	32	32	40	24	16	8	205
华东沿海	城市	27	108	108	136	81	54	27	787
华东沿海	乡村	8	33	33	42	25	17	8	756
华东沿海	乡镇	6	25	25	31	19	13	6	119
华南沿海	城市	27	107	107	134	80	54	27	214
华南沿海	乡村	8	33	33	41	25	16	8	167
华南沿海	乡镇	6	25	25	31	19	12	6	165
黄河中游地区	城市	32	128	128	161	96	64	32	198
黄河中游地区	乡村	10	40	40	49	30	20	10	63
黄河中游地区	乡镇	7	30	30	37	22	15	7	242
西北地区	城市	10	41	41	51	31	21	10	232
西北地区	乡村	3	13	13	16	9	6	3	89
西北地区	乡镇	2	9	9	12	7	5	2	161
西南地区	城市	39	157	157	197	118	79	39	125
西南地区	乡村	12	48	48	61	36	24	12	123
西南地区	乡镇	9	36	36	45	27	18	9	148
长江中游地区	城市	38	151	151	189	113	76	38	47
长江中游地区	乡村	12	46	46	58	35	23	12	182
长江中游地区	乡镇	9	35	35	44	26	17	9	174
总计		350	1400	1400	1750	1050	700	350	7001

　　注：此处样本配额频次基于 2015 年全国 1% 人口抽样调查资料相应字段比例推算，有相应四舍五入引起的误差。

表 2 - 4　实际调查样本情况

区域	类型	18 岁以下	18 ~ 25 岁	26 ~ 30 岁	31 ~ 40 岁	41 ~ 50 岁	51 ~ 60 岁	61 ~ 65 岁	合计
东北地区	城市	20	77	78	97	59	41	18	390
东北地区	城镇	5	19	19	23	14	10	5	95
东北地区	乡村	7	25	24	31	19	13	7	126
华北沿海	城市	33	141	145	178	110	72	35	714
华北沿海	城镇	9	33	33	40	25	17	9	166
华北沿海	乡村	12	45	44	55	33	23	11	223
华东沿海	城市	33	130	127	163	95	67	33	648
华东沿海	城镇	8	30	31	37	23	15	9	153
华东沿海	乡村	10	41	32	51	31	21	11	197
华南沿海	城市	28	111	109	142	83	40	28	541
华南沿海	城镇	7	26	24	26	17	14	7	121
华南沿海	乡村	6	34	35	19	19	18	9	140
黄河中游地区	城市	28	108	109	137	81	55	28	546
黄河中游地区	城镇	6	26	26	32	18	13	7	128
黄河中游地区	乡村	7	35	32	37	26	17	9	163
西北地区	城市	39	155	150	190	107	77	39	757
西北地区	城镇	10	36	36	45	27	10	10	174
西北地区	乡村	13	47	47	60	29	24	13	233
西南地区	城市	10	42	42	52	32	22	11	211
西南地区	城镇	3	10	10	13	8	6	1	51
西南地区	乡村	4	14	12	18	10	7	3	68
长江中游地区	城市	39	158	158	201	119	81	39	795
长江中游地区	城镇	10	37	37	46	27	20	10	187
长江中游地区	乡村	13	49	49	62	37	26	12	248
总计		360	1429	1409	1755	1049	709	364	7075

注：此处样本配额频次基于 2015 年全国 1% 人口抽样调查资料相应字段比例推算，有相应四舍五入引起的误差。

2.2.2 问卷情况

为了保证调查的客观性，在线样本库调查由第三方益派数据科技有限公司执行，问卷以"中国公众日常活动态度与行为调研"为题，落款是"北京体育大学体育政策研究院"。

问卷题目不含专门调查篮球的任何内容，只在询问被访者本人和子女"平时体育运动和锻炼方式"的问题（多选）中，篮球作为选项之一出现。而且为了排除顺序效应，各体育运动选项以完全随机的方式出现，被访者看到的题项顺序均不相同（见图2-4）。

2.3 其他各项调查形式与过程

公众问卷、青少年问卷及四项专项调查采取在线推送的形式，由《人民日报》、新华社、《中国青年报》、网易、虎扑体育等媒体面向社会公众发送调查信息和问卷链接。同时，中国篮协通过微信、微博及官方渠道推送相关信息，动员相关人士填写。

其中，公众、青少年问卷向社会开放，使用甄别题进行甄选，由符合特定样本规则（如年龄、是否学生等）的人填写。四项专项调查针对的对象是不同类型的专业群体或业内人士，调查问卷设置密码，只在专业渠道内开放，并使用甄别题进行甄选，以保证样本符合相应要求。[①]

---

① 在此就不一一罗列每个专项调查针对的具体对象了。公众卷、青少年卷、业内人士卷、运动员/特长生卷、篮协系统卷、专业机构卷各专项卷调查及在线样本库调查样本构成情况详见本书附录，专项问卷甄别逻辑详见各问卷甄别题部分。

中国公众日常活动态度与行为调研

Q8. 您本人平时进行什么样的体育运动或锻炼？ （多选，必答）

引体向上/仰卧起坐/坐位体前屈 ☐	赛车 ☐	户外/定向越野/徒步 ☐
橄榄球 ☐	曲棍球 ☐	铅球/铁饼/链球/标枪/实心球 ☐
台球/桌球 ☐	航模/汽模/无线电测向 ☐	民间传统运动项目(如踢毽、风筝、空竹) ☐
拳击 ☐	水上项目(如帆船、冲浪、潜水) ☐	射击/射箭 ☐
跳高/跳远 ☐	冰壶/旱地冰壶 ☐	跳绳 ☐
滑冰/滑雪 ☐	冰球 ☐	体操/艺术体操 ☐
击剑 ☐	马术/马球 ☐	轮滑/滑板 ☐
跆拳道/柔道/空手道 ☐	瑜伽 ☐	门球 ☐
骑行/自行车 ☐	武术/散打/摔跤 ☐	羽毛球 ☐
游泳/花样游泳 ☐	保龄球 ☐	电子竞技 ☐
网球 ☐	跑步 ☐	棋牌类项目 ☐
健美操/形体舞 ☐	乒乓球 ☐	登山/攀岩 ☐
高尔夫球 ☐	篮球 ☐	走路/快步走/竞走 ☐
排球 ☐	社区体育器材活动 ☐	器械健身运动/健美 ☐
足球 ☐	其他 (请注明) ☐	没有任何体育运动或锻炼 ☐

上一页　　　　　　下一页

云调查 提供支持

图 2-4　在线样本库调查中的体育项目选项随机出现

2.4 权重计算方法与加权处理过程

一般来讲，在线调查存在被访者文化程度偏高的问题。另外，从公众子女卷和青少年卷调查的实际结果来看，专业人士占比较大，篮球运动人口接近半数，不符合实际比例。为了使样本结构更接近总体，样本更具代表性，问卷调查数据需要经过加权调整后才可使用。

传统加权方法一般采用单元格（cell）加权，也就是利用总体和样本对应各字段形成的高维交叉表形成的单元格，以各单元格对应因素的总体比例除以样本比例计算权重。不过，2015 年全国 1% 人口抽样调查统计年鉴支持最多四个变量的交叉表格（城乡—省份—年龄—文化程度、城乡—性别—年龄—文化程度）。由于本次需要加权计算的字段较多，尤其是公众子女卷和青少年卷需要加入是否打篮球和是否体育专业人士的比例（根据加权后在线样本库卷计算）作为权重计算依据，因此，本次调查采取了单元格加权与多变量反复加权（raking）相结合的方法。利用单元格加权计算权重作为反复加权的基础权重（base weight）。①

涉及加权的变量包括区域、城乡、年龄、性别、文化程度，以及另外针对公众卷和青少年卷的是否专业人士和是否打篮球字段。反复加权法以多个重要变量各自的总体比例为目标，对样本比例进行逐一加权，反复进行迭代操作直至收敛为止，所得调整的系

---

① 反复加权计算采取 R 语言中的 anesrake 程辑包进行。本课题所有数据预处理及部分可视化使用 R 语言实现。

数即各交叉形成不同类型样本的权重。① 加权的具体过程是：首先，以 2015 年全国 1% 人口抽样统计年鉴中的性别、年龄、文化程度、省份（区域）和城乡比例为依据，计算样本权重，并对在线样本库数据进行加权调整。其中，分别进行了被访者（含 18 岁以下）、被访者子女（6～17 岁）和二者加总后样本（6～65 岁）权重的计算。第三种情况权重计算去掉了被访者 18 岁以下的类型，以被访者回答的被访者子女（6～17 岁）的结构为准，从而整体推算全国 6～65 岁人口中篮球人口的比例。②

其次，以总人口构成为依据计算权重调整后的在线样本库数据所得是否体育专业人士和是否打篮球的比例，并结合 2015 年全国 1% 人口抽样调查性别、年龄、文化程度、区域、城乡比例，对公众子女卷和青少年卷进行了加权调整（见图 2-5）。加权调整后的数据中是否打篮球、是否体育专业人士的比例接近在线样本库中的相应比例，以尽量克服专业人士较高且调查主题属于篮球活动导致的部分变量估计有偏的问题，进行具有代表性和较为准确的估计。

目前分析所有需要加权的数据，反复加权计算均迭代收敛。经加权调整后，在线样本库样本结构与总体构成基本吻合，结果

---

① 但是比例过多、部分比例结构悬殊，可能会导致只能部分收敛，无法完全匹配总体比例的边际分布。实际执行中，根据具体情况调整加权运算的 CAP 值（意味着个别类型样本稀少，具有更大的权重），或者对个别数据加权变量进行取舍，去掉了与总体分布较为接近、不需要加权的变量。

② 在线样本库及公众调查中，子女年龄 3 岁即开始询问相关运动的情况，但在本次数据分析中，考虑到运动专项化问题，对于子女运动情况的统计并未包括 3～5 岁年龄段样本，只考虑 6 周岁及以上的情况。

可用于全国范围内估计篮球人口的总体规模、比例以及年龄、性别构成等关键信息（见表 2-5）。推断篮球人口规模时用的是2010 年第六次全国人口普查相应数据。

　　公众卷和青少年卷调查加权调整后篮球运动人口、专业人士比例接近在线样本库相应比例，其他人口构成各字段构成也与总体构成接近，可用于相关统计推断。

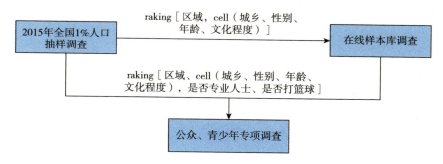

图 2-5　调查加权流程

　　除特殊说明外，本书对在线样本库调查、公众卷和青少年卷调查的相关结果均采用加权统计结果。

表 2-5　实际调查样本加权调整后情况

区域	类型	18 岁以下	18～25 岁	26～30 岁	31～40 岁	41～50 岁	51～60 岁	61～65 岁	合计
东北地区	城市	7	35	33	76	62	42	6	261
东北地区	城镇	8	56	33	48	9	5	2	161
东北地区	乡村	17	51	85	58	137	3	0	351
华北沿海	城市	11	58	40	75	53	62	16	315
华北沿海	城镇	13	22	24	39	98	12	13	221
华北沿海	乡村	23	61	24	155	208	32	10	512

续表

区域	类型	18 岁以下	18 ~ 25 岁	26 ~ 30 岁	31 ~ 40 岁	41 ~ 50 岁	51 ~ 60 岁	61 ~ 65 岁	合计
华东沿海	城市	10	82	43	175	104	45	6	465
华东沿海	城镇	10	27	25	41	83	13	7	205
华东沿海	乡村	25	114	30	60	76	70	14	388
华南沿海	城市	11	31	24	29	59	51	12	215
华南沿海	城镇	9	22	18	23	53	32	1	158
华南沿海	乡村	12	71	2	26	55	205	2	373
黄河中游地区	城市	9	53	28	38	66	107	14	316
黄河中游地区	城镇	6	24	12	46	37	3	5	132
黄河中游地区	乡村	12	26	21	53	52	25	31	219
西北地区	城市	13	101	56	53	67	19	18	327
西北地区	城镇	12	57	59	29	18	52	6	232
西北地区	乡村	32	29	55	97	20	153	73	459
西南地区	城市	3	15	43	32	14	12	27	147
西南地区	城镇	4	9	18	31	14	30	0	106
西南地区	乡村	7	18	19	27	18	7	0	97
长江中游地区	城市	12	64	71	68	66	23	10	316
长江中游地区	城镇	13	23	12	71	76	26	3	225
长江中游地区	乡村	24	35	52	43	59	71	15	300
总计		303	1084	827	1393	1504	1100	291	6500

注：数据经过加权调整后，由于部分类型被压缩的幅度较大，在线样本库调查总样本数有一定减少。另外，根据总体和样本相应字段构成比例计算权重，再还原为相应频次，也会出现四舍五入引起的误差。

第3章
篮球运动的地位与篮球人口画像

3.1 篮球在全国6~65岁人口主要体育运动项目中的位置

在线样本库调查问卷中，以"平时进行什么样的体育运动？"进行提问，以了解公众的体育运动情况。从结果来看，全国6~65岁（多选）人口中，参与篮球运动的比例为10.9%。具体来看，全国18~65岁人口中，有9.5%的人打篮球，而在6~17岁的人口中，该比例为13.9%。除了一般性的跑步、走路等身体活动外，篮球的排名靠前，仅低于便利度较高的羽毛球、乒乓球（见表3-1）。[1]

在被访者选择的体育锻炼项目中，问卷进一步询问"其中哪一项属于主要的体育锻炼项目？"（单选）从结果来看，除了跑步、走路等一般性运动外，在18~65岁公众人口中，主要体育锻炼项

_____

[1]　另外，据调查，全国6~65岁人口中，有10.8%的比例没有参加任何体育运动或锻炼。

目是篮球的比例为 5.3%，仅次于羽毛球；6～17 岁人口中，主要
运动项目是篮球的比例为 9.6%，高于羽毛球和乒乓球。整体来
看，在 6～65 岁人口中，以篮球为主要运动项目的比例为 6.7%，
高于羽毛球和乒乓球（见表 3－2）。

表 3－1　全国公众参加体育运动项目的情况（多选，个案百分比）

单位：%

体育运动项目	6～17 岁	18～65 岁	6～65 岁
足球	9.4	3.8	5.3
篮球	13.9	9.5	10.9
排球	2.6	2.0	2.2
羽毛球	19.1	18.2	18.3
网球	2.9	2.4	2.5
乒乓球	14.5	11.1	12.6
电子竞技	4.4	3.8	3.5
棋牌类项目	1.4	9.6	8.2
跑步	29.8	36.7	35.7
走路/快步走/竞走	7.4	21.5	17.8
器械健身运动/健美	1.7	3.3	3.1
社区体育器材活动	2.2	9.4	8.2
高尔夫球	0.5	1.3	1.1
体操/艺术体操	4.1	1.5	2.1
健美操/形体舞	7.4	3.9	4.3
武术/散打/摔跤	3.4	1.2	1.9
游泳/花样游泳	9.0	2.7	4.3
瑜伽	2.6	6.3	5.7
登山/攀岩	1.9	4.1	4.0
跆拳道/柔道/空手道	7.3	1.5	2.8

续表

体育运动项目	6～17岁	18～65岁	6～65岁
骑行/自行车	11.2	14.9	13.9
跳绳	20.6	11.0	12.6
轮滑/滑板	6.1	2.0	2.6
门球	1.5	1.3	1.4
拳击	3.0	1.5	1.9
马术/马球	2.2	0.7	1.1
击剑	2.1	1.0	1.4
保龄球	1.4	1.6	1.5
射击/射箭	2.0	1.3	1.6
滑冰/滑雪	2.6	1.7	2.0
冰壶/旱地冰壶	0.5	0.6	0.5
冰球	0.9	0.8	0.8
跳高/跳远	8.1	3.9	4.8
铅球/铁饼/链球/标枪/实心球	2.0	1.0	1.3
户外/定向越野/徒步	6.2	10.6	10.3
台球/桌球	2.9	5.7	5.7
水上项目（如帆船、冲浪、潜水）	1.9	1.9	1.9
民间传统运动项目（如踢毽、风筝、空竹）	6.1	6.0	6.3
曲棍球	1.4	1.2	1.4
橄榄球	1.7	1.7	1.7
航模/汽模/无线电测向	2.1	1.2	1.5
赛车	1.7	1.7	1.7
引体向上/仰卧起坐/坐位体前屈	6.9	11.4	10.5
其他	0.5	0.7	0.7
没有任何体育运动或锻炼	8.1	12.0	10.8

表 3 - 2　全国公众的主要体育运动项目情况（单选）

单位：%

主要体育运动项目	6~17岁	18~65岁	6~65岁
足球	5.2	1.1	2.1
篮球	9.6	5.3	6.7
排球	1.1	0.9	1.0
羽毛球	8.2	6.1	6.4
网球	1.5	0.8	0.9
乒乓球	7.7	3.3	4.8
电子竞技	1.2	1.1	1.0
棋牌类项目	0.5	2.7	2.1
跑步	14.5	25.2	22.9
走路/快步走/竞走	2.4	13.1	10.9
器械健身运动/健美	0.3	1.2	1.0
社区体育器材活动	0.6	4.0	3.5
高尔夫球	0.0	0.2	0.1
体操/艺术体操	2.5	0.5	0.9
健美操/形体舞	5.7	1.7	2.4
武术/散打/摔跤	1.6	0.3	0.8
游泳/花样游泳	2.6	0.5	1.1
瑜伽	0.8	2.9	2.4
登山/攀岩	0.4	1.5	1.2
跆拳道/柔道/空手道	4.0	0.5	1.3
骑行/自行车	4.0	5.2	4.6
跳绳	8.8	3.0	3.7
轮滑/滑板	1.8	0.7	0.8
门球	0.1	0.5	0.3
拳击	1.3	0.3	0.6
马术/马球	1.1	0.3	0.5
击剑	0.6	0.4	0.4

主要体育运动项目	6～17岁	18～65岁	6～65岁
保龄球	0.6	0.4	0.4
射击/射箭	0.9	0.4	0.5
滑冰/滑雪	0.8	0.7	0.6
冰壶/旱地冰壶	0.1	0.1	0.1
冰球	0.2	0.1	0.1
跳高/跳远	1.7	0.7	0.9
铅球/铁饼/链球/标枪/实心球	0.8	0.3	0.5
户外/定向越野/徒步	1.0	2.9	2.8
台球/桌球	0.8	2.3	2.0
水上项目（如帆船、冲浪、潜水）	0.4	0.5	0.5
民间传统运动项目（如踢毽、风筝、空竹）	1.9	2.0	1.9
曲棍球	0.2	0.2	0.2
橄榄球	0.6	0.5	0.5
航模/汽模/无线电测向	0.2	0.4	0.2
赛车	0.3	0.6	0.5
引体向上/仰卧起坐/坐位体前屈	1.1	4.0	3.3
其他	0.4	0.7	0.7

3.2 全国6～65岁"一般"与"核心"篮球人口规模估计

根据在线样本库调查结果，6～65岁人口中，篮球人口的比例为10.9%，根据2010年全国人口普查该年龄段的人口总数（11.38亿人），推断出全国6～65岁"一般"篮球人口总规模为1.25亿人。以篮球为主要体育运动项目的人口比例为6.7%，据此推算，全国6～65岁"核心"篮球人口为7610万人。

表 3－3　不同年龄段人口参加体育运动项目的情况（多选）

单位：%

体育运动项目	6～8岁	9～11岁	12～14岁	15～17岁	18～25岁	26～30岁	31～40岁	41～50岁	51～60岁	60岁以上
足球	7.3	10.4	6.5	11.3	6.8	5.8	4.5	3.4	2.9	0.0
篮球	5.4	13.1	16.7	22.8	18.3	12.5	9.5	7.3	4.8	2.2
排球	0.7	1.4	2.6	3.7	3.8	1.5	2.3	2.3	1.3	0.0
羽毛球	8.3	23.4	16.7	19.7	20.8	16.4	15.7	23.9	18.4	0.0
网球	1.7	1.5	5.7	1.8	3.3	2.2	1.9	3.6	1.4	0.0
乒乓球	10.7	14.9	16.4	16.6	12.4	10.3	9.4	13.5	14.9	8.7
电子竞技	4.8	3.2	5.8	0.9	8.8	4.2	3.4	1.0	1.1	0.0
棋牌类项目	0.3	1.2	0.3	0.7	6.0	4.3	5.4	11.9	18.4	23.9
跑步	20.4	31.2	28.4	34.5	35.0	35.8	35.7	41.2	43.5	21.7
走路/快步走/竞走	6.7	10.6	4.0	5.4	11.3	16.0	18.7	21.2	32.0	39.1
器械健身运动/健美	2.3	1.0	0.1	3.5	3.3	4.2	2.3	3.4	2.8	8.7
社区体育器材活动	3.0	1.6	0.6	2.1	2.1	6.0	6.4	10.7	20.3	26.1
高尔夫球	1.5	0.1	0.9	0.0	1.4	1.1	0.5	2.2	1.1	0.0
体操/艺术体操	6.4	2.5	2.6	3.5	2.2	1.3	1.3	1.6	1.8	0.0
健美操/形体舞	6.6	1.8	4.9	11.3	4.2	4.2	2.5	4.6	3.8	2.2
武术/散打/摔跤	3.6	4.0	5.9	1.6	1.0	0.9	2.5	1.8	0.6	2.2

续表

体育运动项目	6～8岁	9～11岁	12～14岁	15～17岁	18～25岁	26～30岁	31～40岁	41～50岁	51～60岁	60岁以上
游泳/花样游泳	14.3	7.3	11.4	1.7	3.7	2.9	2.9	3.5	3.3	0.0
瑜伽	2.3	0.6	1.4	4.2	8.1	9.5	7.2	5.1	6.0	0.0
登山/攀岩	2.8	0.3	2.3	2.4	3.9	6.3	6.0	4.6	3.2	2.2
跆拳道/柔道/空手道	12.3	5.4	7.1	6.0	2.9	1.1	0.7	1.7	0.9	0.0
骑行/自行车	12.7	11.1	11.4	5.3	14.9	14.1	16.1	15.0	13.4	17.4
跳绳	26.2	21.1	18.2	15.7	16.2	14.1	11.2	9.2	4.0	4.3
轮滑/滑板	7.6	4.2	5.3	5.2	4.6	1.4	1.1	1.3	0.5	0.0
门球	2.2	1.7	0.5	1.6	2.1	0.5	0.3	1.6	1.1	4.3
拳击	4.4	3.3	2.3	0.0	2.2	2.5	2.2	1.4	0.6	0.0
马术/马球	4.9	1.2	0.8	1.6	1.3	0.4	0.7	1.2	0.3	0.0
击剑	2.1	3.4	3.4	0.0	1.3	0.8	0.5	1.3	1.8	0.0
保龄球	0.2	0.5	2.1	0.2	1.8	1.5	0.8	2.8	1.8	0.0
射击/射箭	1.9	2.7	0.9	2.6	1.7	2.0	0.8	1.9	0.9	2.2
滑冰/滑雪	3.7	1.6	1.5	1.7	3.9	2.3	2.5	1.2	0.5	0.0
冰壶/旱地冰壶	0.6	0.6	0.0	0.0	1.8	0.5	0.2	0.1	0.5	0.0
冰球	0.3	0.6	1.1	0.0	1.5	1.1	0.5	0.7	0.7	0.0
跳高/跳远	5.8	8.0	12.4	6.6	8.5	5.5	2.7	2.5	1.8	0.0

续表

体育运动项目	6~8岁	9~11岁	12~14岁	15~17岁	18~25岁	26~30岁	31~40岁	41~50岁	51~60岁	60岁以上
铅球/铁饼/链球/标枪/实心球	1.6	3.2	1.5	1.6	1.7	0.6	1.2	0.9	1.1	0.0
户外/定向越野/徒步	7.5	5.1	9.9	4.9	11.1	7.3	10.1	16.2	10.9	2.2
台球/桌球	2.8	2.1	3.2	1.6	10.2	10.5	8.1	4.5	1.9	2.2
水上项目	0.8	2.1	1.1	2.2	4.7	3.4	0.8	1.2	0.7	0.0
民间传统运动项目	5.8	9.0	5.1	8.9	7.7	4.0	4.4	7.4	6.1	4.3
曲棍球	1.6	0.5	1.4	3.1	2.5	1.7	0.8	1.2	0.7	0.0
橄榄球	2.6	1.9	1.5	0.6	2.7	2.1	1.2	2.0	1.0	0.0
航模/汽模/无线电测向	2.3	3.3	2.0	1.3	2.0	1.7	1.2	1.3	0.3	0.0
赛车	2.0	1.4	2.4	0.2	3.0	2.5	1.8	1.6	0.6	0.0
引体向上/仰卧起坐/坐位体前屈	3.6	7.0	8.5	8.4	18.6	18.1	10.7	9.2	4.7	0.0
其他	0.0	0.0	0.7	0.0	0.4	1.4	0.7	0.2	1.7	2.2
没有参加任何体育运动或体育锻炼	13.3	6.6	4.9	3.1	10.4	10.8	18.4	9.3	8.2	21.7

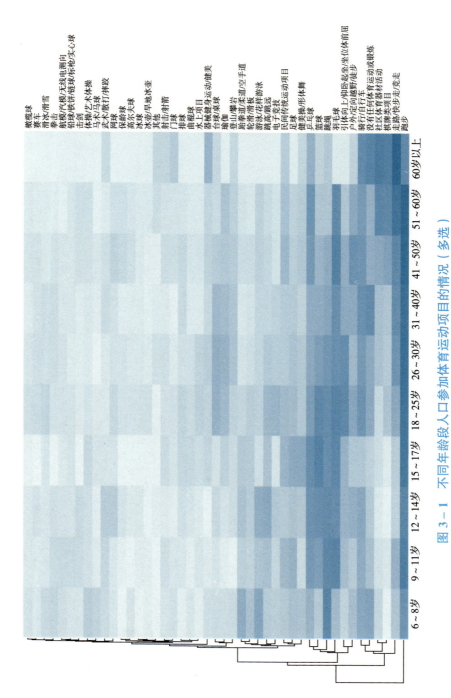

图 3 - 1 不同年龄段人口参加体育运动项目的情况（多选）

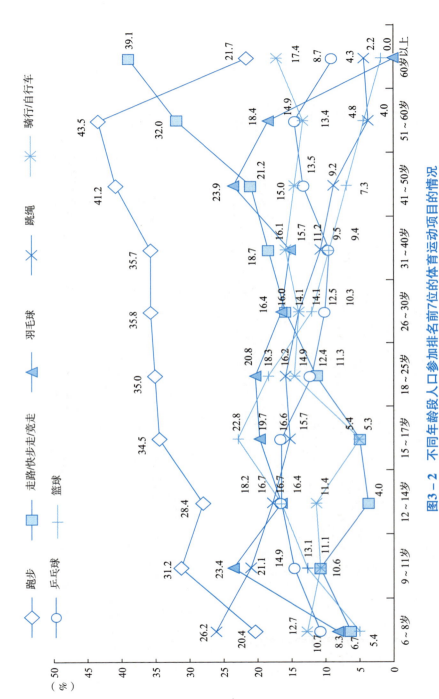

图3-2 不同年龄段人口参加排名前7位的体育运动项目的情况

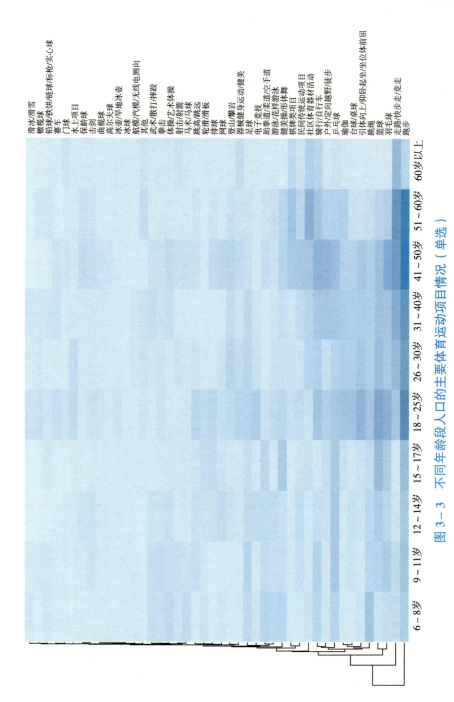

图3－3　不同年龄段人口的主要体育运动项目情况（单选）

表3-4 不同年龄段人口参加主要体育运动项目的情况（总百分比，单选）

单位：%

主要体育运动项目	6~8岁	9~11岁	12~14岁	15~17岁	18~25岁	26~30岁	31~40岁	41~50岁	51~60岁	60岁以上	整体
足球	0.28	0.37	0.15	0.13	0.34	0.31	0.27	0.14	0.07	0.00	2.06
篮球	0.14	0.44	0.58	1.06	1.80	0.96	0.74	0.71	0.26	0.00	6.68
排球	0.00	0.01	0.12	0.21	0.28	0.01	0.02	0.21	0.09	0.00	0.97
羽毛球	0.20	0.57	0.32	0.51	1.39	0.63	0.68	1.67	0.41	0.00	6.37
网球	0.08	0.01	0.23	0.09	0.12	0.07	0.04	0.25	0.03	0.00	0.92
乒乓球	0.30	0.55	0.60	0.55	0.54	0.28	0.58	0.96	0.37	0.09	4.82
电子竞技	0.06	0.03	0.16	0.04	0.48	0.11	0.09	0.05	0.00	0.00	1.03
棋牌类项目	0.01	0.02	0.00	0.00	0.12	0.10	0.06	0.66	0.82	0.27	2.06
跑步	0.66	0.95	0.76	0.99	3.68	2.71	3.41	4.94	4.41	0.36	22.87
走路/快步走/竞走	0.22	0.21	0.07	0.04	0.71	1.12	1.59	2.57	3.08	1.27	10.88
器械健身运动/健美	0.00	0.00	0.00	0.00	0.26	0.15	0.08	0.24	0.06	0.18	0.98
社区体育器材活动	0.08	0.03	0.00	0.12	0.06	0.31	0.33	0.68	1.45	0.45	3.51
高尔夫球	0.00	0.00	0.00	0.00	0.04	0.01	0.01	0.06	0.02	0.00	0.14
体操/艺术体操	0.22	0.13	0.13	0.00	0.04	0.02	0.10	0.19	0.02	0.00	0.85
健美操/形体舞	0.31	0.10	0.11	0.62	0.27	0.10	0.15	0.39	0.33	0.00	2.37
武术/散打/摔跤	0.15	0.16	0.15	0.00	0.04	0.07	0.15	0.10	0.00	0.00	0.81

续表

主要体育运动项目	6~8岁	9~11岁	12~14岁	15~17岁	18~25岁	26~30岁	31~40岁	41~50岁	51~60岁	60岁以上	整体
游泳/花样游泳	0.28	0.11	0.15	0.04	0.17	0.09	0.06	0.09	0.10	0.00	1.09
瑜伽	0.02	0.00	0.02	0.09	0.64	0.42	0.47	0.34	0.44	0.00	2.45
登山/攀岩	0.00	0.00	0.05	0.00	0.15	0.30	0.22	0.33	0.12	0.00	1.18
跆拳道/柔道/空手道	0.38	0.15	0.19	0.26	0.08	0.03	0.03	0.16	0.06	0.00	1.34
骑行/自行车	0.27	0.35	0.13	0.00	0.77	0.36	0.59	1.25	0.64	0.27	4.63
跳绳	0.92	0.30	0.29	0.18	0.60	0.44	0.42	0.37	0.14	0.00	3.68
轮滑/滑板	0.11	0.06	0.11	0.18	0.21	0.05	0.01	0.03	0.04	0.00	0.79
门球	0.00	0.00	0.01	0.00	0.14	0.01	0.01	0.08	0.00	0.09	0.35
拳击	0.11	0.17	0.06	0.00	0.07	0.07	0.06	0.09	0.01	0.00	0.64
马术/马球	0.20	0.05	0.01	0.00	0.01	0.03	0.02	0.14	0.00	0.00	0.46
击剑	0.00	0.07	0.06	0.00	0.06	0.02	0.01	0.13	0.09	0.00	0.43
保龄球	0.00	0.00	0.06	0.01	0.02	0.03	0.02	0.15	0.13	0.00	0.44
射击/射箭	0.09	0.11	0.00	0.00	0.03	0.07	0.03	0.11	0.00	0.09	0.52
滑冰/滑雪	0.09	0.07	0.00	0.04	0.19	0.07	0.11	0.04	0.00	0.00	0.61
冰壶/旱地冰壶	0.01	0.00	0.00	0.00	0.06	0.00	0.00	0.01	0.00	0.00	0.08
冰球	0.00	0.00	0.00	0.00	0.02	0.03	0.00	0.00	0.01	0.00	0.07
跳高/跳远	0.01	0.17	0.14	0.09	0.31	0.05	0.01	0.10	0.06	0.00	0.94

续表

主要体育运动项目	6~8岁	9~11岁	12~14岁	15~17岁	18~25岁	26~30岁	31~40岁	41~50岁	51~60岁	60岁以上	合计
铅球/铁饼/链球/标枪/实心球	0.07	0.06	0.02	0.09	0.07	0.00	0.09	0.01	0.05	0.00	0.46
户外/定向越野/徒步	0.02	0.05	0.06	0.10	0.38	0.08	0.64	1.10	0.33	0.00	2.76
台球/桌球	0.02	0.05	0.10	0.00	0.61	0.43	0.40	0.32	0.07	0.00	2.00
水上项目	0.02	0.02	0.01	0.00	0.23	0.16	0.01	0.03	0.01	0.00	0.49
民间传统运动项目	0.01	0.14	0.19	0.09	0.22	0.07	0.24	0.61	0.29	0.09	1.94
曲棍球	0.01	0.00	0.00	0.00	0.08	0.01	0.02	0.06	0.00	0.00	0.19
橄榄球	0.02	0.07	0.03	0.00	0.15	0.06	0.09	0.02	0.06	0.00	0.51
航模/汽模/无线电测向	0.00	0.01	0.00	0.00	0.05	0.06	0.09	0.03	0.00	0.00	0.24
赛车	0.00	0.03	0.02	0.00	0.15	0.03	0.11	0.12	0.00	0.00	0.46
引体向上/仰卧起坐/坐位体前屈	0.08	0.01	0.06	0.10	1.20	0.67	0.47	0.57	0.09	0.00	3.26
其他	0.00	0.00	0.04	0.00	0.07	0.13	0.11	0.04	0.19	0.09	0.68
整体											100.00

3.3　篮球人口画像

3.3.1　什么人参加篮球运动？

根据在线样本库调查，在 6～17 岁人口中，男性参加篮球运动的比例为 22.2%，15～17 岁人口、城市人口、高中生（忽略个别大学生样本）参加篮球运动的比例相对较高（见表 3－5～表 3－8）。

表 3－5　6～17 岁不同性别人口参加篮球运动的情况

单位：%

	男	女
不参加篮球运动	77.8	95.9
参加篮球运动	22.2	4.1

表 3－6　6～17 岁不同年龄段人口参加篮球运动的情况

单位：%

	6～8 岁	9～11 岁	12～14 岁	15～17 岁
不参加篮球运动	92.4	86.8	84.3	80.2
参加篮球运动	7.6	13.2	15.8	19.8

表 3－7　6～17 岁城乡人口参加篮球运动的情况

单位：%

	城市	城镇	乡村
不参加篮球运动	78.6	89.7	87.8
参加篮球运动	21.4	10.3	12.2

表 3-8　6~17 岁不同文化程度人口参加篮球运动的情况

单位：%

	小学及以下	初中	高中	中职	大专	本科及以上
不参加篮球运动	90.0	80.9	80.4	89.4	61.2	78.4
参加篮球运动	10.0	19.2	19.6	10.6	38.8	21.6

　　在 18~65 岁人口中，男性、18~25 岁、具有本科及以上文化程度人群参加篮球运动的比例相对较高（见表 3-9~表 3-11）。城市、城镇人口参加篮球运动的比例接近，分别为 10.0% 和 11.7%，高于乡村人口（7.3%）（见表 3-12）。

　　从整体上看，15~25 岁是篮球运动参与年龄的高峰（见图 3-2）。在 15~25 岁人口中，参加篮球运动的人口比例仅次于一般性的跑步，和羽毛球比例相当，是各运动类型中参与比例较高的体育项目，也是参与比例最高的集体项目。具体来看，15~17 岁人口中，该比例为 22.8%，仅次于跑步，高于羽毛球；18~25 岁人口中，该比例为 18.3%（见图 3-2）。而从主要体育运动项目调查的结果来看（见表 3-4），在 15~25 岁年龄段人群中，选择将篮球运动作为主要活动的人数和比例，处于各项目运动的第二位，仅次于跑步运动。

表 3-9　18~65 岁不同性别人口参加篮球运动的情况

单位：%

	男	女
不参加篮球运动	84.9	95.8
参加篮球运动	15.1	4.2

表 3 – 10　18 ~ 65 岁不同年龄段人口参加篮球运动的情况

单位：%

	18 ~ 25 岁	26 ~ 30 岁	31 ~ 40 岁	41 ~ 50 岁	51 ~ 60 岁	60 岁以上
不参加篮球运动	82.7	89.1	94.6	92.1	95.1	97.8
参加篮球运动	17.3	10.9	5.4	7.9	4.9	2.2

表 3 – 11　18 ~ 65 岁不同文化程度人口参加篮球运动的情况

单位：%

	小学及以下	初中	高中	中职	大专	本科及以上
不参加篮球运动	91.2	94.7	91.1	93.3	85.9	82.0
参加篮球运动	8.8	5.3	9.0	6.7	14.1	18.0

表 3 – 12　18 ~ 65 岁城乡人口参加篮球运动的情况

单位：%

	城市	城镇	乡村
不参加篮球运动	90.0	88.3	92.7
参加篮球运动	10.0	11.7	7.3

在性别方面，15 ~ 25 岁人口中，男性打篮球的比例为 28.8%，女性相应比例为 8.3%（见表 3 – 14）。从 15 ~ 25 岁人口参加体育运动项目的性别构成情况来看，无论是一般参与还是核心参与，篮球运动都是差异较大的运动项目，男性参与的比例是女性的 3.5 倍（见表 3 – 14）。

考虑城乡因素，在城市中，15 ~ 25 岁男性打篮球的比例达 36.0%（见表 3 – 16），比例上仅次于跑步。值得注意的是，在 15 ~ 25 岁城市男性人口中，选择将篮球作为主要体育项目的为 23.5%（见表 3 – 17），比例甚至高于跑步。

表 3－13　6～65 岁年龄段人口参加体育运动项目的性别构成
（横向单选）

单位：%

体育运动项目	男	女
足球	79.7	20.3
篮球	82.3	17.7
排球	60.5	39.5
羽毛球	47.0	53.0
网球	58.7	41.3
乒乓球	63.4	36.6
电子竞技	76.2	23.8
棋牌类项目	58.5	41.5
跑步	53.6	46.4
走路/快步走/竞走	48.5	51.5
器械健身运动/健美	38.6	61.4
社区体育器材活动	52.5	47.5
高尔夫球	74.7	25.3
体操/艺术体操	34.4	65.6
健美操/形体舞	13.6	86.4
武术/散打/摔跤	84.4	15.6
游泳/花样游泳	58.1	41.9
瑜伽	10.0	90.0
登山/攀岩	63.3	36.7
跆拳道/柔道/空手道	58.9	41.1
骑行/自行车	52.1	47.9
跳绳	36.0	64.0
轮滑/滑板	59.8	40.2
门球	64.0	36.0
拳击	82.5	17.5

续表

体育运动项目	男	女
马术/马球	68.3	31.7
击剑	74.7	25.3
保龄球	65.5	34.5
射击/射箭	75.4	24.6
滑冰/滑雪	62.1	37.9
冰壶/旱地冰壶	67.4	32.6
冰球	77.3	22.7
跳高/跳远	60.5	39.5
铅球/铁饼/链球/标枪/实心球	78.7	21.3
户外/定向越野/徒步	65.1	34.9
台球/桌球	80.2	19.8
水上项目（如帆船、冲浪、潜水）	60.7	39.3
民间传统运动项目（如踢毽、风筝、空竹）	53.5	46.5
曲棍球	78.1	21.9
橄榄球	66.1	33.9
航模/汽模/无线电测向	66.9	33.1
赛车	76.9	23.1
引体向上/仰卧起坐/坐位体前屈	66.4	33.6
其他	52.9	47.1
没有任何体育运动或锻炼	49.1	50.9
整体	53.6	46.4

表 3-14 15~25 岁不同性别年龄段人口参加体育
运动项目的情况（多选）

单位：%

体育运动项目	男	女	整体	男女 比例比	女男 比例比
足球	10.1	5.2	7.8	1.9	0.5

续表

体育运动项目	男	女	整体	男女比例比	女男比例比
篮球	28.8	8.3	19.4	3.5	0.3
排球	3.5	4.1	3.7	0.9	1.2
羽毛球	17.8	23.7	20.5	0.8	1.3
网球	3.5	2.3	2.9	1.5	0.7
乒乓球	16.6	9.6	13.4	1.7	0.6
电子竞技	9.5	4.1	7.0	2.3	0.4
棋牌类项目	4.4	5.2	4.7	0.8	1.2
跑步	37.6	31.8	34.9	1.2	0.8
走路/快步走/竞走	7.9	12.3	9.9	0.6	1.6
器械健身运动/健美	2.9	3.8	3.3	0.8	1.3
社区体育器材活动	2.1	2.1	2.1	1.0	1.0
高尔夫球	1.0	1.3	1.1	0.8	1.3
体操/艺术体操	1.3	3.9	2.5	0.3	3.0
健美操/形体舞	1.8	10.6	5.8	0.2	5.9
武术/散打/摔跤	1.7	0.4	1.1	4.3	0.2
游泳/花样游泳	2.6	3.9	3.2	0.7	1.5
瑜伽	0.7	14.6	7.1	0.0	20.9
登山/攀岩	3.4	3.8	3.6	0.9	1.1
跆拳道/柔道/空手道	3.6	3.6	3.6	1.0	1.0
骑行/自行车	10.8	14.8	12.6	0.7	1.4
跳绳	9.2	24.1	16.1	0.4	2.6
轮滑/滑板	4.1	5.5	4.7	0.7	1.3
门球	1.5	2.4	1.9	0.6	1.6
拳击	2.2	1.0	1.6	2.2	0.5
马术/马球	1.6	1.0	1.3	1.6	0.6
击剑	0.3	1.8	1.0	0.2	6.0

续表

体育运动项目	男	女	整体	男女比例比	女男比例比
保龄球	1.2	1.7	1.4	0.7	1.4
射击/射箭	3.2	0.5	1.9	6.4	0.2
滑冰/滑雪	4.2	2.6	3.4	1.6	0.6
冰壶/旱地冰壶	1.3	1.5	1.4	0.9	1.2
冰球	1.3	1.0	1.1	1.3	0.8
跳高/跳远	8.7	7.3	8.0	1.2	0.8
铅球/铁饼/链球/标枪/实心球	2.0	1.3	1.7	1.5	0.7
户外/定向越野/徒步	10.0	9.2	9.6	1.1	0.9
台球/桌球	10.9	4.9	8.1	2.2	0.4
水上项目（如帆船、冲浪、潜水）	3.5	4.9	4.1	0.7	1.4
民间传统运动项目（如踢毽、风筝、空竹）	6.7	9.5	8.0	0.7	1.4
曲棍球	3.9	1.2	2.7	3.3	0.3
橄榄球	1.5	3.1	2.2	0.5	2.1
航模/汽模/无线电测向	2.3	1.3	1.8	1.8	0.6
赛车	3.2	1.3	2.3	2.5	0.4
引体向上/仰卧起坐/坐位体前屈	18.0	14.0	16.2	1.3	0.8
其他	0.0	0.7	0.3	0.0	
没有任何体育运动或锻炼	7.9	9.6	8.7	0.8	1.2

表3-15 15~25岁年龄段人口的主要体育项目情况（单选）

单位：%

主要体育项目	男	女	整体
足球	3.0	1.1	2.1
篮球	20.9	2.9	12.7
排球	2.1	2.3	2.2
羽毛球	6.4	10.9	8.4

续表

主要体育项目	男	女	整体
网球	1.3	0.5	0.9
乒乓球	7.4	1.8	4.8
电子竞技	3.0	1.5	2.3
棋牌类项目	0.4	0.7	0.5
跑步	22.1	19.1	20.7
走路/快步走/竞走	2.4	4.4	3.3
器械健身运动/健美	1.6	0.6	1.2
社区体育器材活动	0.5	1.2	0.8
高尔夫球	0.2	0.2	0.2
体操/艺术体操	0.2	0.2	0.2
健美操/形体舞	0.8	7.7	3.9
武术/散打/摔跤	0.2	0.1	0.2
游泳/花样游泳	1.1	0.7	0.9
瑜伽	0.3	6.7	3.2
登山/攀岩	0.2	1.3	0.7
跆拳道/柔道/空手道	2.4	0.4	1.5
骑行/自行车	2.8	4.1	3.4
跳绳	0.8	6.7	3.5
轮滑/滑板	2.2	1.1	1.7
门球	0.4	0.9	0.6
拳击	0.5	0.1	0.3
马术/马球	0.0	0.1	0.1
击剑	0.1	0.5	0.3
保龄球	0.2	0.1	0.2
射击/射箭	0.2	0.0	0.1
滑冰/滑雪	1.2	0.8	1.0
冰壶/旱地冰壶	0.5	0.0	0.3
冰球	0.0	0.1	0.1
跳高/跳远	1.6	2.0	1.8

续表

主要体育项目	男	女	整体
铅球/铁饼/链球/标枪/实心球	0.4	1.0	0.7
户外/定向越野/徒步	1.9	2.5	2.2
台球/桌球	2.7	2.7	2.7
水上项目（如帆船、冲浪、潜水）	0.2	2.0	1.0
民间传统运动项目（如踢毽、风筝、空竹）	1.4	1.3	1.4
曲棍球	0.2	0.6	0.4
橄榄球	0.0	1.5	0.7
航模/汽模/无线电测向	0.4	0.0	0.2
赛车	1.0	0.2	0.7
引体向上/仰卧起坐/坐位体前屈	5.0	6.6	5.7
其他	0.0	0.7	0.3

表 3 – 16　15～25 岁年龄段不同性别城市人口参加体育运动项目的情况（多选，个案百分比）

单位：%

	男	女	整体
足球	15.2	6.7	11.2
篮球	36.0	13.0	25.3
排球	5.2	3.9	4.6
羽毛球	16.9	28.6	22.4
网球	3.7	2.9	3.4
乒乓球	18.8	11.8	15.6
电子竞技	12.8	7.4	10.3
棋牌类项目	4.5	4.8	4.6
跑步	42.2	28.6	35.9
走路/快步走/竞走	10.7	9.2	10.0
器械健身运动/健美	3.8	6.0	4.8
社区体育器材活动	2.8	2.5	2.7

	男	女	整体
高尔夫球	0.8	1.8	1.3
体操/艺术体操	1.0	5.7	3.2
健美操/形体舞	2.4	10.2	6.1
武术/散打/摔跤	1.9	1.1	1.6
游泳/花样游泳	5.8	3.3	4.6
瑜伽	1.6	18.5	9.5
登山/攀岩	3.5	4.8	4.1
跆拳道/柔道/空手道	3.1	2.0	2.6
骑行/自行车	15.8	16.0	15.9
跳绳	10.6	23.8	16.8
轮滑/滑板	5.4	5.4	5.4
门球	1.6	1.2	1.4
拳击	1.8	1.6	1.7
马术/马球	0.4	1.1	0.8
击剑	1.0	1.7	1.3
保龄球	1.5	1.7	1.6
射击/射箭	6.4	0.9	3.8
滑冰/滑雪	4.6	4.4	4.5
冰壶/旱地冰壶	1.3	0.9	1.1
冰球	1.6	1.7	1.7
跳高/跳远	9.4	6.1	7.9
铅球/铁饼/链球/标枪/实心球	2.3	0.9	1.6
户外/定向越野/徒步	11.1	7.3	9.3
台球/桌球	11.5	10.2	10.9
水上项目（如帆船、冲浪、潜水）	3.8	4.2	4.0
民间传统运动项目（如踢毽、风筝、空竹）	3.3	5.7	4.4
曲棍球	2.7	1.4	2.1
橄榄球	3.8	4.4	4.1
航模/汽模/无线电测向	4.0	1.4	2.8

续表

	男	女	整体
赛车	4.0	2.4	3.2
引体向上/仰卧起坐/坐位体前屈	20.6	15.0	18.0
其他	0.0	0.1	0.1
没有任何体育运动或锻炼	5.9	9.1	7.4

表 3 − 17　15 ~ 25 岁年龄段不同性别城市人口参加主要体育运动项目的情况 （单选）

单位：%

	男	女	整体
足球	3.3	0.8	2.2
篮球	23.5	6.1	15.5
排球	1.8	1.2	1.5
羽毛球	5.2	12.4	8.5
网球	0.7	1.0	0.8
乒乓球	6.3	2.8	4.7
电子竞技	4.6	3.7	4.2
棋牌类项目	0.7	0.1	0.4
跑步	22.5	18.1	20.5
走路/快步走/竞走	2.6	3.6	3.0
器械健身运动/健美	2.4	1.5	2.0
社区体育器材活动	0.9	0.1	0.5
高尔夫球	0.2	0.7	0.4
体操/艺术体操	0.0	0.3	0.1
健美操/形体舞	0.1	6.6	3.0
武术/散打/摔跤	0.3	0.2	0.3
游泳/花样游泳	1.3	0.7	1.0
瑜伽	0.4	7.6	3.7
登山/攀岩	0.3	0.7	0.5
跆拳道/柔道/空手道	2.4	0.3	1.4

续表

	男	女	整体
骑行/自行车	4.4	2.4	3.5
跳绳	0.4	6.6	3.2
轮滑/滑板	0.8	0.4	0.6
门球	0.1	0.1	0.1
拳击	0.3	0.2	0.3
马术/马球	0.0	0.1	0.1
击剑	0.3	0.1	0.2
保龄球	0.4	0.2	0.3
射击/射箭	0.7	0.0	0.4
滑冰/滑雪	0.3	1.3	0.8
冰壶/旱地冰壶	0.1	0.0	0.1
冰球	0.1	0.4	0.2
跳高/跳远	1.5	1.1	1.3
铅球/铁饼/链球/标枪/实心球	0.2	0.0	0.1
户外/定向越野/徒步	1.1	1.1	1.1
台球/桌球	2.9	6.0	4.3
水上项目（如帆船、冲浪、潜水）	0.3	0.1	0.2
民间传统运动项目（如踢毽、风筝、空竹）	0.2	0.4	0.3
曲棍球	0.1	0.1	0.1
橄榄球	0.0	3.3	1.5
航模/汽模/无线电测向	0.7	0.0	0.4
赛车	0.4	0.1	0.2
引体向上/仰卧起坐/坐位体前屈	5.6	7.7	6.6
其他	0.0	0.1	0.1

不同职业人群中均有一定比例的人口参加篮球运动。从 18～65 岁参加篮球运动人口的职业构成来看，军人/警察（25.8%）、在校学生（17.7%）、私营业主（16.8%）、专业技术人员（14.8%）、

单位负责人（14.4%）是参加篮球运动中比例较高的前五类人群
（见表3-18）。

表3-18　18～65岁不同职业人口参加篮球运动的情况

单位：%

	不参加	参加
单位负责人	85.6	14.4
专业技术人员	85.2	14.8
单位职员/办事人员	90.4	9.6
私营业主	83.3	16.8
个体经营者	93.1	6.9
商业/服务业人员	90.5	9.5
农林牧渔业人员	97.5	2.5
产业工人	93.1	6.9
非政府组织工作人员	97.3	2.7
军人/警察	74.2	25.8
自由职业者	90.7	9.3
在家（如家庭主妇）	98.8	1.2
在校学生	82.3	17.7
其他	94.8	5.2

使用回归树（logistic regression tree）算法对不同年龄、性别、
文化程度、城乡等特征的人群参加篮球运动的情况进行分析（见
表3-19～表3-22），从结果来看，在6～17岁人口中，初中、高
中、大学男生参加篮球运动的比例最高。城市中的小学男生也具
有较高的篮球运动比例（见图3-4）。在18～65岁人口中，18～
25岁、城市、拥有本科及以上文化程度人口参加篮球运动的比例
最高（见图3-5）。

表 3 – 19　6～65 岁不同性别人口参加篮球运动的情况

单位：%

	男	女
不参加篮球运动	83.2	95.8
参加篮球运动	16.8	4.2

表 3 – 20　6～65 岁不同年龄段人口参加篮球运动的情况

单位：%

	不参加篮球运动	参加篮球运动
6～8 岁	94.6	5.4
9～11 岁	86.9	13.1
12～14 岁	83.3	16.7
15～17 岁	77.2	22.8
18～25 岁	81.7	18.3
26～30 岁	87.5	12.5
31～40 岁	90.5	9.5
41～50 岁	92.7	7.3
51～60 岁	95.2	4.8
60 岁以上	97.8	2.2

表 3 – 21　6～65 岁城乡人口参加篮球运动的情况

单位：%

	城市	城镇	乡村
不参加篮球运动	87.7	88.5	87.7
参加篮球运动	12.4	11.5	12.4

表 3 – 22　6～65 岁不同文化程度人口参加篮球运动的情况

单位：%

	小学及以下	初中	高中	中职	大专	本科及以上
不参加篮球运动	92.0	90.4	91.4	92.5	84.0	81.2
参加篮球运动	8.0	9.6	8.6	7.5	16.0	18.8

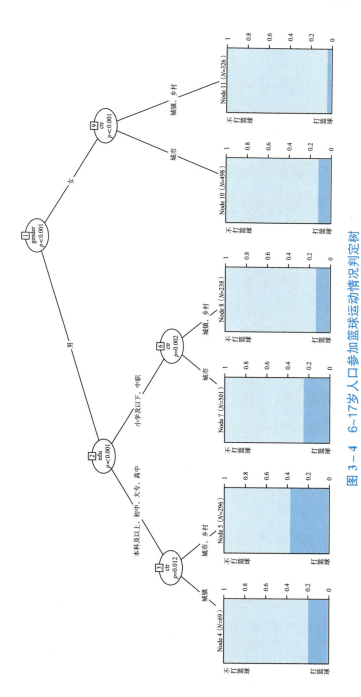

图 3 - 4　6~17岁人口参加篮球运动情况判定树

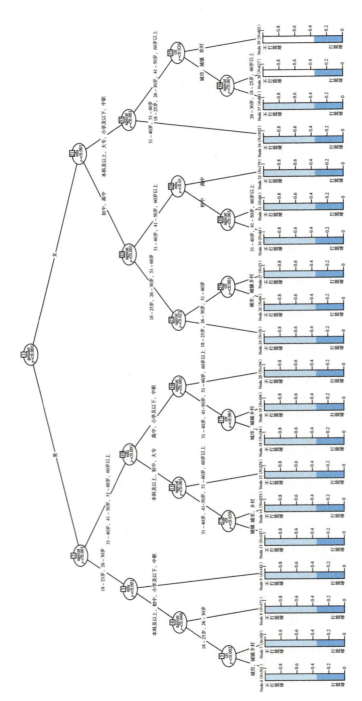

图 3 – 5　18~65岁人口参加篮球运动情况判定树

3.3.2　参加篮球运动的是什么人?

根据在线样本库调查,在6~65岁参加篮球运动的人口中,男性居于主导地位,占84.4%(见表3-23)。从6~65岁参与不同项目人口的性别构成来看,参加篮球运动的人口中男性比例(82.3%)远远高于女性(17.7%)。在三大球中,参加篮球运动人口中男性的比例高于足球、排球运动中男性的比例,而女性比例则低于足球、排球运动中女性的比例。

表3-23　6~65岁篮球人口性别构成

单位:%

	频次	比例
男	845	84.4
女	156	15.6

分年龄段来看,18~25岁所占比例最高,为27.3%。从文化程度来看,初中文化程度人口的比例最高(包括大量在校学生),其次是大学及以上文化程度人口。由于在总人口中的基数大,从城乡人口构成来看,篮球人口中农村人口占40.8%。从职业类型来看,18~65岁人口中,篮球人口中在校学生占23.0%(见表3-24~表3-27)。如果考虑6~17岁人口的话,那么该比例更高。

表3-24　6~65岁篮球人口年龄构成

单位:%

	频次	比例
6~8岁	42	4.2

续表

	频次	比例
9~11 岁	80	8.0
12~14 岁	83	8.3
15~17 岁	100	10.0
18~25 岁	273	27.3
26~30 岁	125	12.5
31~40 岁	102	10.2
41~50 岁	130	13.0
51~60 岁	60	6.0
60 岁以上	7	0.7

表 3－25　6~65 岁篮球人口文化程度构成

单位：%

	频次	比例
小学及以下	130	13.0
初中	265	26.5
高中	166	16.6
中职	67	6.7
大专	190	19.0
本科及以上	183	18.3
总计	1001	100.0

表 3－26　6~65 岁篮球人口城乡构成

单位：%

	频次	比例
城市	332	33.2
城镇	260	26.0
乡村	409	40.8

表 3－27　18～65 岁篮球人口职业构成

单位：%

	频次	比例
单位负责人	38	5.7
专业技术人员	84	12.5
单位职员/办事人员	118	17.7
私营业主	35	5.3
个体经营者	45	6.8
商业/服务业人员	58	8.6
农林牧渔业人员	13	1.9
产业工人	49	7.3
非政府组织工作人员	2	0.2
军人/警察	9	1.3
自由职业者	49	7.3
在家（如家庭主妇）	8	1.2
在校学生	154	23.0
其他	9	1.3

从 18～65 岁公众篮球人口金字塔来看，18～25 岁男性占 29.5%，女性也占一定比例，为 9.3%（见图 3－6）。从 6～17 岁青

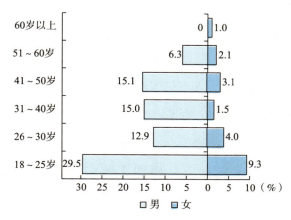

图 3－6　篮球人口金字塔（18～65 岁）

少年篮球人口金字塔来看，15～17岁男性占35.8%，女性占3.7%（见图3-7）。

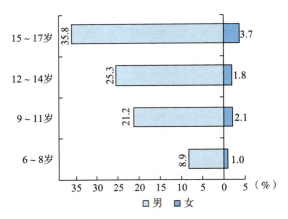

图 3 – 7　篮球人口金字塔（6～17 岁）

3.4　篮球运动的跨阶层性

篮球运动是一项具有社会亲和力的体育运动，具有广泛的群众基础。根据在线样本库调查数据生成职业类型、自我阶层认同与体育运动类型对应分析图（见图3-8），从对应分析图可以看到，高尔夫球、冰球、保龄球、无线电测向等运动形式与上层和中上阶层有更强的对应关系，说明这些运动是较高社会阶层的主要运动形式。一般的走路、骑车、棋牌类项目、民间传统运动项目等与中下阶层有更强的对应关系，中间阶层偏好的运动形式则主要是瑜伽、器械健身运动/健美、足球等。

相比之下，篮球在对应分析图上与中间阶层的距离最近，在职业类型上与在校学生、专业技术人员、个体经营者等相对更为接近，但整体上基本位于对应分析图的中心位置，与各个阶层都保

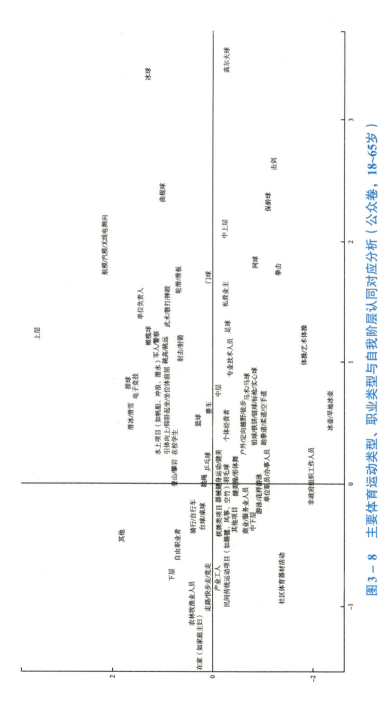

图3－8　主要体育运动类型、职业类型与自我阶层认同对应分析（公众卷，18~65岁）

持着较好的亲和性，也就是不同职业人群中都有一定比例的人口参加篮球运动。如前文所述，从职业类型来看，在校学生、军人/警察等特殊职业群体中参加篮球运动的人口比例最高。除此之外，虽然单位负责人、专业技术人员、私营企业主等阶层参加篮球运动人口的比例较高，但从规模上来看，参加篮球运动的人口中农村人口所占的比例更大。这说明篮球运动是一项具有明显跨阶层特征的体育运动类型。篮球运动与各个主观认同阶层及职业类型均有一定的亲和力。

3.5 篮球运动的跨社区性

根据帕特南（Robert Putnam）的理论，集体性社会资本是指以信任、规范和互惠为特征的社会组织或结构特征。体育运动是培育集体性社会资本的重要途径和场域，体育运动形式与社会资本具有关联关系，比如，帕特南以"独打保龄球"作为美国社会资本下降的表征。[1]

根据公众卷调查数据，生成各体育运动项目的对应分析图（见图 3-9）。从该图的四个象限来看，第一象限的共同锻炼人主要是家人，第二象限的共同锻炼人主要是领导、同学，第三象限的共同锻炼人主要是跨社区/单位的队友/朋友、同事、陌生人，第四象限的共同锻炼人主要是邻居。

---

① 罗伯特·D.帕特南：《使民主运转起来：现代意大利的公民传统》，王列、赖海榕译，江西人民出版社，2001；罗伯特·帕特南：《独自打保龄：美国社区的衰落与复兴》，刘波、祝乃娟、张孜异、林挺进、郑寰译，北京大学出版社，2011。

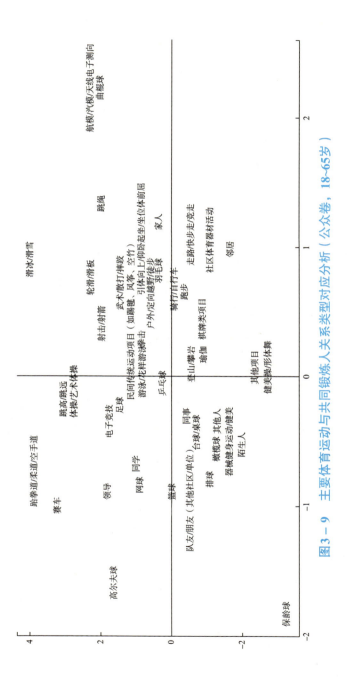

图3-9 主要体育运动与共同锻炼人关系类型对应分析（公众卷，18~65岁）

在所有项目中，保龄球、高尔夫球、滑冰/滑雪、航模/汽模等运动形式与原点最远，特异性较强。高尔夫球与领导更为接近、器械健身/健美运动中一起锻炼的主要是陌生人，走路、跳绳、玩羽毛球主要是和家人一起，开展社区体育器材活动主要是与社区的邻居一起。乒乓球位于图形原点位置，相对来说更为中性，与各种共同锻炼人类型都保持大体一致的关系。

相比之下，在对应分析图上，篮球基本落在第二、三象限之间，在所有体育运动项目中，与其他社区/单位队友/朋友类型的距离最近。也就是说，篮球运动是与其他社区/单位队友/朋友共同锻炼比例最高的项目，这意味着篮球作为一种团体性的运动，是最有利于培育和构建桥接—包含式（bridging/inclusive）社会资本的体育项目，有助于促进跨社区社会合作与信任关系、社会参与的建立。①

从社会资本与体育运动的一般性关系来看，在宏观政策与治理层面，社会资本与体育运动的关系体现在4个方面：①体育组织是产生积极社会资本、增强社会凝聚力和社会融合的"基地"；②社会资本来源于所有群体性的体育运动形式和与之相关的娱乐休闲活动，为此建设安全和可持续的体育社区是重要的任务；③体育组织应立足于改善各种关系，如教练员、裁判员、义工、媒体、赞助商、管理层、体育迷等，将关系协调和改善作为社区体育俱乐部的日常工作；④体育社会资本应持续地对社区建设做出贡

---

① 除此之外，篮球运动与同学类型的距离也比较近，应该是与学生打篮球的比例较高有关。

献，最大限度地提高社会凝聚力、减少社会隔离现象、团结具有不同背景和信仰的人们。①

　　基于以上调查结果及分析，篮球运动因其独特的运动形式、厚实的社会基础、广泛的影响能力、悠久的文化传统等特征，成为培育集体性社会资本的最佳体育运动形式。积极开展篮球运动，在增进社会信任、提高社会凝聚力、促进社会融合、促进经济繁荣、铸牢中华民族共同体意识等方面，都具有积极意义。

---

① Hoye, R. & Nicholson, M. "Social Capital and Sport Policies in Australia," Policy Transfer in Action. *Public Management Review* 4（2009）：441－460；边燕杰：《社会资本与大众体育》，《上海体育学院学报》2020 年第 4 期。

第4章
篮球运动参与与篮球运动场地

自 2014 年国务院印发《关于加快发展体育产业促进体育消费的若干意见》将全民健身上升为国家战略以来，先后出台了《全民健身计划（2016～2020 年）》和《"健康中国 2030" 规划纲要》，对经常参加体育锻炼的人数、全民健身公共服务体系的建设、青少年体育活动和学校体育场地设施等方面提出了明确要求。2019 年国务院印发《体育强国建设纲要》，对我国体育强国的建设进行了系统设计，进一步明确了群众体育的发展路径。《体育强国建设纲要》指出 "到 2035 年，全民健身更亲民、更便利、更普及，经常参加体育锻炼人数比例达到 45% 以上，人均体育场地面积达到2.5 平方米，城乡居民达到《国民体质测定标准》合格以上的人数比例超过 92%；青少年体育服务体系更加健全，身体素养显著提升，健康状况明显改善"。[①]《"十四五"体育发展规划》提出 "积极探索不同运动项目的推广模式，以足球、篮球等群众喜闻乐见的运动项目为重点，不断扩大项目参与人数，力争一批项目参与

[①] 《国务院办公厅关于印发体育强国建设纲要的通知》，中华人民共和国中央人民政府网，http：//www. gov. cn/zhengce/content/2019 - 09/02/content_5426485. htm，最后访问日期：2021 年 5 月 18 日。

人数过亿"。此外，《体育强国建设纲要》对"三大球"也提出了新的发展要求：全面推动"三大球"的普及，以充分发挥其对整个体育事业的带动作用。国家体育总局经济司发布的《2019 年全国体育场地统计调查数据》显示，全国篮球场地数量在 97.48 万个，在所有运动项目场地类型中最多；全国篮球场地面积在"三大球"中为最大，占 5.79 亿平方米，是全国足球场地面积（2.95亿平方米）的近两倍、全国排球场地面积（0.28 亿平方米）的 20多倍。[①] 篮球运动在我国有着相当丰富的场地资源优势，为公众的广泛参与提供了一定的基础条件。

本章立足于当前我国民众参与篮球运动的程度和身边的篮球运动场地设施情况，通过社会调查数据，从一般体育锻炼情况、篮球运动参与情况以及篮球运动场地情况三方面进行描述和分析，为我国进一步扩大篮球人口规模、发展篮球运动、带动全民健身和群众体育事业的发展提供有效参考。

4.1　一般体育锻炼情况

一般体育锻炼情况不仅包括体育锻炼强度、体育锻炼时长、体育活动频率三个测量体育锻炼参与程度的指标，还增加了社交维度，即共同参与体育锻炼的同伴人数指标。

有关体育锻炼行为的运动强度方面，根据公众卷调查结果，大部分成人选择运动强度较小的项目。57.0% 的成人选择轻微运动

---

① 《2019 年全国体育场地统计调查数据》，国家体育总局体育经济司网，http：∥www. sport. gov. cn/jjs/n5043/c968164/content. html，最后访问日期：2021 年 5 月 18 日。

（如散步、做广播操、打门球等），选择小强度的不太激烈的运动（消遣娱乐性地打打排球、乒乓球、慢跑、打太极拳等），中等强度的较激烈的持久运动（如骑自行车、跑步、打乒乓球），呼吸急促、出汗很多的大强度的但并不持久的运动（如打羽毛球、排球、篮球、网球、足球等）的比例分别为12.8%、16.2%和13.9%。

从青少年卷调查结果来看，43.6%的青少年选择轻微运动。小强度的不太激烈的运动、中等强度的较激烈的持久运动和呼吸急促、出汗很多的大强度的但并不持久的运动分别占11.6%、15.4%和17.6%。相较于成人，青少年参与体育锻炼的强度总体较好，并且有7.3%的青少年参与呼吸急促、出汗很多的大强度的持续持久的运动（如赛跑、成套健美操练习、游泳等），然而仍有4.4%的青少年完全不参与运动（见图4-1）。

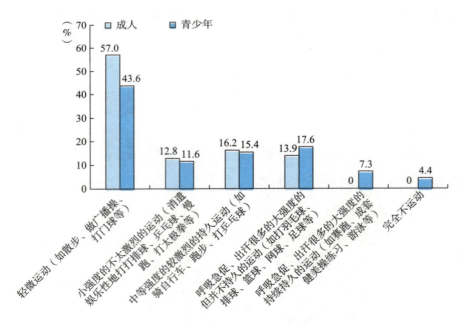

图4-1 成人和青少年的体育锻炼强度

在体育锻炼时长方面，成人参与体育锻炼的时长众数为 31～59
分钟，比例为 26.8%；84.8% 的成人锻炼时间在 1 小时以内。青少
年参与体育锻炼的时长众数为 10 分钟以下，比例达 35.7%；
73.7% 的青少年体育锻炼时长不足 30 分钟，且青少年参与体育锻
炼时长的分布呈递减趋势（见图 4－2），这说明青少年参与体育锻
炼的时长严重不足。

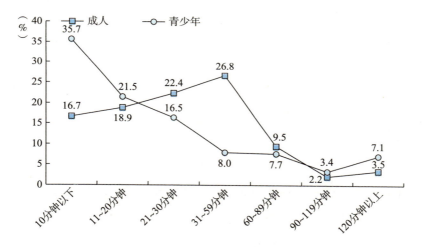

图 4－2　成人和青少年参加体育锻炼的时长

在体育活动频率方面，分别有 32.5% 的成人和 30.2% 的青少
年每周参与 1～2 次体育活动，比例最高；每周参与 3～5 次体育活
动的成人和青少年分别占 16.5% 和 17.9%；每天至少参与 1 次体
育活动的成人和青少年的比例分别为 23.2% 和 20.8%。在体育参
与持续性上，青少年略逊于成人。与成人相比，虽然青少年在整
个义务教育的各阶段都有体育课程，但是数据结果并没有反映出
青少年参与体育活动的预期效果，仍有 19.5% 的青少年参与体育
活动的频率在每月 1 次及以下（见图 4－3）。除了青少年个体需要

提高参与体育活动的积极性外，学校同样要对体育教学和体育课程的管理引起重视。

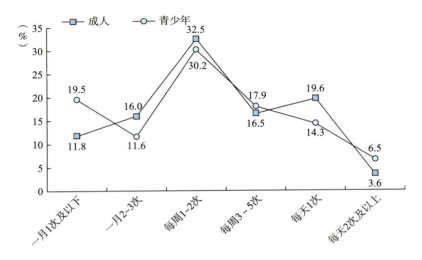

图 4 – 3　成人和青少年的体育活动频率

就体育运动的社交程度来看，公众卷结果显示，有 61.8% 的成人在进行体育运动或锻炼的过程中有同伴共同参与，38.2% 的对象独自进行体育运动或锻炼。

根据公众卷调查结果，在有同伴共同参与体育运动或锻炼的对象中，邀请 1 位或 2 位同伴共同进行体育运动或锻炼的人数超过半数，分别占 22.3% 和 32.1%；有 3 位同伴的运动参与者占 15.4%，有 4~6 位同伴的运动参与者占 20.7%，有 7 位及以上同伴的运动参与者总共占 9.5%（见图 4 – 4）。体育运动参与者更倾向于在有同伴陪同的情况下进行体育活动，有多位同伴（4~6 位）共同参与体育锻炼的人数也占一部分比例。由此可见，体育运动具有重要的社会交往功能，同时团队项目是众多体育运动参与者的重要项目选择。

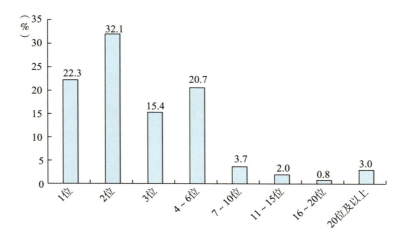

图 4 - 4　经常一起进行体育运动或锻炼的人数

4.2　篮球运动参与情况

　　篮球运动参与情况由直接参与篮球运动和间接参与篮球运动两方面构成。本研究直接参与篮球运动是指亲自参与到篮球运动中进而获得篮球运动体验，衡量指标包括参与篮球运动的球龄、每次篮球运动的时长和进行篮球运动的频次。此外，直接参与篮球运动还包括亲自参与篮球运动直接相关的活动，涉及约球场和球友的方式、参与篮球队的情况以及参与篮球比赛的情况。而间接参与篮球运动是指不亲自参与篮球运动，而是作为篮球运动的观众或场外支持者间接参与其中，衡量指标包括观看篮球比赛的方式和参与球迷组织的情况。

4.2.1　直接参与篮球运动情况

　　在篮球运动球龄方面，根据公众卷调查结果，参与篮球运动的成人球龄众数为 3～5 年，占比为 33.0%，呈近似正态分布。球龄在 1～3 年的人数占 29.4%，5～10 年的人数占 23%（见图 4－5）。总体上看，成人参与篮球运动的球龄分布广泛，参与篮球运动的公众大多已有一定的篮球运动基础，但新加入者数量较少，对尚未接触或较少接触篮球运动的成人而言，吸引其持续参与篮球运动的动力不足。

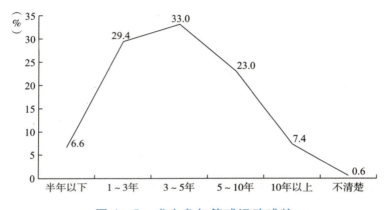

图 4－5 成人参与篮球运动球龄

在每次参与篮球运动时长方面，根据公众卷调查结果，有 85.8% 的成人每次打篮球时长在 0.5～2 个小时，其中每次打篮球在 0.5～1 个小时的人数比例为 35.5%，在 1～2 个小时的人数比例为 50.3%（见图 4－6）。大部分篮球运动参与者的运动时长都符合适度参与体育运动的标准。

从参与篮球运动的频率来看，55.6% 的成人每周参与 1～2 次篮球运动，21.7% 的成人每周参与 3～5 次篮球运动（见图 4－7）。由此可见，大部分篮球运动参与者都保持着良好的运动习惯。

在平时约球场、球友的方式方面，成人和青少年利用微信的比例均为最高，分别有 75.4% 的成人和 66.1% 的青少年平时使用

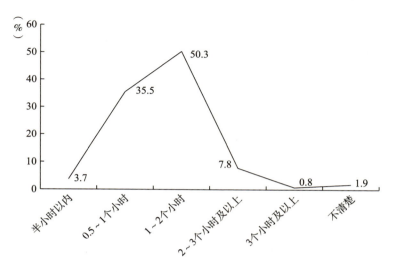

图 4 – 6　成人每次篮球运动或锻炼时长

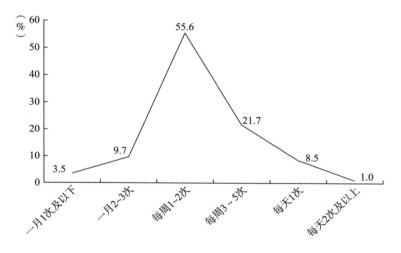

图 4 – 7　成人进行篮球运动或锻炼频率

微信约球场和球友，微信在成人中使用更加普遍；此外，分别有28.1%的成人和41.0%的青少年通过面对面沟通的方式约球场和球友。青少年处于学校的集体环境中，面对面沟通是更加便捷和直接的方式。另有23.5%的成人和22.4%的青少年使用短信/电话方式约球场和球友。总体上青少年和成人平时约球场、球友的方式均以微信为主，面对面沟通和短信/电话的方式均占一定比例，使用其他方式和篮球APP的人数较少（见图4-8）。

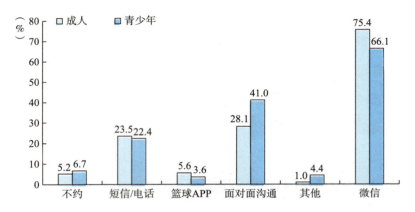

图4-8　成人和青少年平时约球场、球友的方式（多选）

在参与篮球运动的公众人口中，58.0%的成人参加了各类篮球队。参加单位/学校组织的篮球队占比最大，在参加篮球运动的人口中有25.4%属于此类。参加民间/草根/街头篮球队和社区/街道/区县组织的业余篮球队占有一定比例，分别为16.8%和12.3%；参加社会培训机构的篮球队和职业篮球俱乐部队的占比较小，仅为5.5%和4.5%（见图4-9）。

在参加篮球比赛类型方面，共有76.0%的篮球人口参加过篮球比赛。其中，参加单位/学校内部比赛的最多，在全部篮球人口中的比例为49.5%；23.4%的成人参加过球队内部比赛；参与跨单位/学校比赛、社区内部比赛、跨社区比赛及跨县区比赛的各占一定比例（见图4-10）。

此外，从公众卷调查结果来看，超过65.0%的成人表示在居

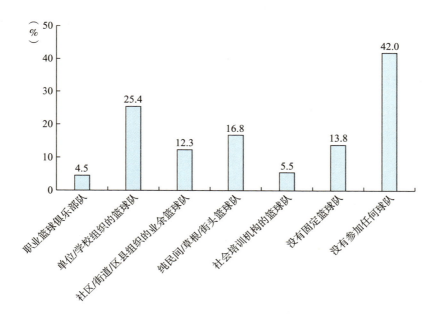

图 4－9 成人参加篮球队类型（多选）

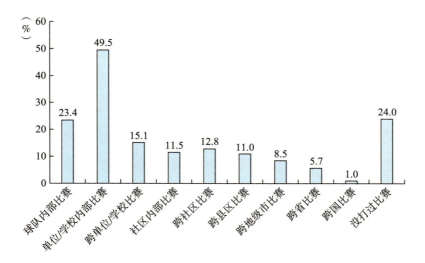

图 4－10 成人参加篮球比赛类型（多选）

住的社区/村看过别人打篮球。在基层篮球队建设与篮球比赛方面，有29.9%的成人表示居住的街道/乡镇有篮球队，28.8%的成人表示居住的街道/乡镇有篮球比赛，39.9%的成人表示本地区县、地级市有定期举办的篮球比赛。另外分别有34.5%和31.6%的成人表示不知道居住的街道/乡镇是否有篮球队、篮球比赛，41.4%的成人不知道本地区县、地级市有无定期举办的篮球比赛。可见基层篮球建设初具规模，公众对基层篮球具有一定的认知，基层篮球队的建设与篮球比赛的推广仍具有较大发展潜力。

4.2.2 间接参与篮球运动情况

从公众卷和青少年卷调查结果来看，表示观看过篮球比赛的成人比例为69.5%，青少年比例为60.5%。篮球比赛在成人和青少年群体中都有一定的观众基础。

在观看篮球比赛及相关内容的方式上，电视直播最普遍，81.9%的成人和80.2%的青少年表示会通过电视直播观看篮球比赛及相关内容，这在一定程度上与篮球比赛普遍的观赛方式有关；39.0%的成人和40.7%的青少年表示会使用腾讯、优酷、咪咕等网络视频直播源观看篮球比赛及相关内容；15.2%的成人和29.1%的青少年选择通过快手、抖音等短视频软件观看篮球比赛及相关内容；16.2%的成人和15.7%的青少年通过微信、微博、虎扑等社交软件观看篮球比赛及相关内容；20.7%的成人和24.2%的青少年表示会现场观赛（见图4-11）。相比于成人，青少年使用快手、抖音等短视频软件的人数要高出13.9个百分点，在各类观看方式中差异最为显著。尽管如今观看篮球比赛及相关内容的渠道有了更多样化的选择，但传统的电视直播方式仍然占据主导地位，腾讯、优酷、咪咕等网络视频直播源也占有相当比例。

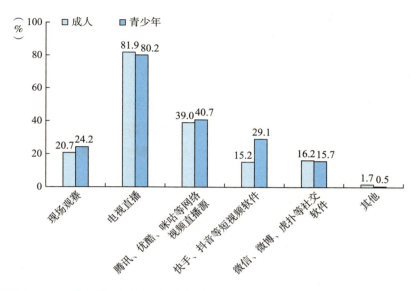

图 4－11　成人及青少年观看篮球比赛及相关内容方式选择（多选）

此外，选择现场观赛的青少年中，47.0%的青少年会选择与同学朋友一起观看，这说明现场观赛具有较好的社交属性。26.3%的青少年表示由家长陪伴观赛，21.2%的青少年表示由学校组织观赛，4.9%的青少年表示会单独前往观赛。这说明家长和学校对引导青少年接触篮球运动有重要作用。

在参与篮球球迷组织方面，根据公众卷和青少年卷调查结果，9.9%的成人和13.2%的青少年参与了篮球球迷组织。这意味着青少年在篮球球迷组织的参与方面较成人表现出更高的积极性。

4.3　篮球运动场地情况

从拥有篮球场地的居住地城乡分布情况来看，66.0%的城镇拥有篮球场地，比例最高；57.2%的城市拥有篮球场地；50.6%的农村拥有篮球场地。根据第六次全国人口普查数据中的城乡人口分布情况，居住在城镇的人口占 49.7%，居住在乡村的人口占 50.3%，城镇人口比例较 10 年前高于 13.5 个百分点。篮球场地资源的城乡分布大致符合我国城乡人口分布情况。可以预见，随着我国城镇化水平的进一步提高，未来篮球场地设施将更多地向城市、城镇倾斜。

4.3.1　篮球场地使用情况

从公众卷调查结果来看，成人经常打篮球的场地以校园篮球场为主，比例为 25.2%，学校良好的篮球场地设施能够吸引篮球爱好者；其次为社区篮球场、城市公共篮球场和村级篮球场，分别占 16.2%、14.9% 和 13.5%；再次是商业球场（馆）和单位内部篮球场，分别占 9.8% 和 7.8%；最后，7.2% 的篮球爱好者无固定场地（见图 4-12）。各种类型的篮球场地均有相当比例的使用者。

在参加篮球运动的青少年群体中，68.8% 的青少年选择学校的篮球场地，9.4% 的青少年选择商业球场（馆），7.7% 的青少年选择村级篮球场，5.9% 的青少年无固定场地（见图 4-13）。由此可见，学校篮球场地的使用率最高。校园作为青少年主要的活动场所，既具有相对的便捷性，又有可以免费使用的篮球场地和众多同龄伙伴，是青少年参与篮球运动的首选之地。

公众卷调查结果显示，成人经常打篮球的场地地面材质以水泥地为主，比例为 41.3%；塑胶地和木地板地面材质的分别占 30.8% 和 18.9%。青少年卷调查结果显示，青少年经常打篮球的

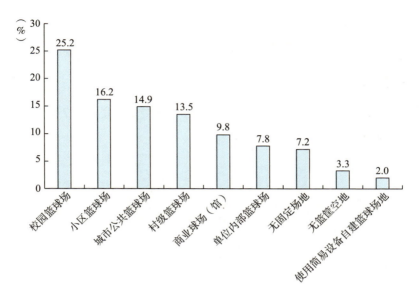

图 4 - 12　成人平时经常打篮球的场地类型 （单选）

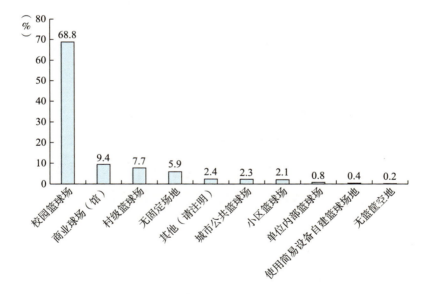

图 4 - 13　青少年平时经常打篮球的场地类型 （单选）

场地地面材质以木地板为主，比例为 39.7%；塑胶地和水泥地地面材质的分别占 31.9% 和 23.0% （见图 4 - 14）。青少年主要的活动场地是校园，这可以从侧面反映出学校的篮球场地相对于社会篮球场地资源而言更加优质和完善。结合平时最经常打篮球的场地数据来看，校园篮球场不仅是绝大部分青少年主要选择的场地，也备受成人青睐。由此看来，相对优质和完善的运动场地是吸引各类人群参与篮球运动的重要因素。

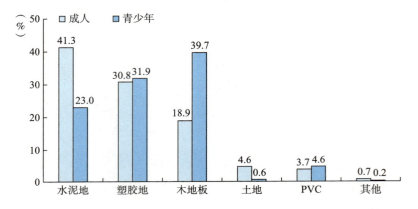

图 4 – 14　成人和青少年经常打篮球的场地地面材质（单选）

校园篮球场地不仅是保障学校开展体育活动的重要设施，也是吸引篮球人口的重要条件。在所在学校篮球场（馆）建设方面，81.1% 的调查对象表示所在学校有篮球场，27.1% 的调查对象表示所在学校有篮球馆，14.2% 的调查对象表示所在学校既没有篮球场也没有篮球馆。一定比例的学校仍然缺少篮球场地，对此应给予关注。

在校园参加篮球运动的青少年群体中，72.2% 的调查对象认为平时使用学校篮球场（馆）比较方便，仅有 12.3% 的调查对象认为不方便，另有 15.5% 的调查对象表示不清楚或不知道。整体来看，大多数学校的篮球场（馆）能够满足学生日常参与篮球运动的需求。

4.3.2 篮球场地消费情况

对于篮球场地的付费情况，88.0%的成人和93.6%的青少年表示不需要付费。根据对"平时最经常打篮球的场地"的调查，青少年参与篮球运动的主要场地是校园，绝大部分学校能够为青少年提供免费的篮球场地。而成人尽管在多种类型的篮球场地中都有相当比例的使用率，但更倾向于选择校园、社区和公共篮球场等免费场地。

在篮球场地价格评价方面，相比于青少年，更多的成人认为篮球场地的收费价格在可接受的范围内。[①] 16.5%的青少年表示篮球场地的收费价格贵，而成人的这一比例仅为3.9%（见图4-15）。其原因在于成人有一定的收入来源，因此对收费篮球场地有更高的消费能力；而缺乏收入来源的青少年则对收费篮球场地的价格有较高的敏感性。因此，为青少年提供充足的免费篮球场地

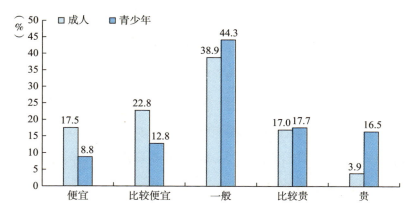

图4-15 成人和青少年对篮球场地价格的评价情况

---

① 从青少年卷结果来看，每小时场地费用中位值为20元。

或价格低廉的收费场地更能吸引他们参与篮球运动。

根据公众卷调查结果，有 29.9% 的成人篮球爱好者表示周围找付费篮球场（馆）不方便。根据青少年卷调查结果，40.0% 的青少年篮球爱好者表示周围找付费篮球场（馆）不方便。相比于成人，青少年更难找到校外付费篮球场（馆）。青少年较成人消费能力有限，因此商业球场（馆）并非青少年篮球爱好者在校外的主要选择。这反映出在篮球场（馆）建设和布局的过程中，篮球场（馆）的容量、交通便利程度和对周围社区的辐射程度都是影响篮球场（馆）使用率的重要因素。

4.4　小结

从一般体育锻炼情况来看，成人每次参加体育运动的强度以轻微运动为主（比例为 57.0%），仅 42.0% 的成人每次锻炼时长达到 30 分钟以上，39.7% 的成人每周坚持锻炼 3 次以上；青少年的锻炼强度略大于成人；73.7% 的青少年体育锻炼时长不足 30 分钟，且锻炼持续性总体上低于成人。以我国经常参加体育锻炼人口的"每周身体活动频度 3 次（含 3 次）以上、每次身体活动时间 30分钟以上、每次身体活动强度中等程度以上"[1] 判定条件为参照标准，多数青少年不符合判定为经常参加体育锻炼人口的基本要求，这说明青少年身体锻炼严重不足。

---

[1] 《国务院关于印发全民健身计划（2011～2015 年）的通知》，中华人民共和国中央人民政府，http://www.gov.cn/zwgk/2011－02/24/content_1809557.htm，最后访问日期：2021 年 5 月 30 日。

从篮球运动参与情况来看，坚持 3 年以上、每次 1～2 个小时、每周 1～2 次是篮球人口参与行为的主要特征，篮球人口的锻炼时长、强度和频率均高于经常参加体育锻炼人口的基本要求。除了亲身参与篮球运动外，观看篮球比赛及相关内容、参与篮球球迷组织也是与篮球运动相关的重要活动。电视直播仍然为观看篮球比赛及相关内容的主要方式，通过腾讯、优酷、咪咕等网络视频直播源观看篮球比赛及相关内容的也占一部分比例。在参与篮球球迷组织方面，青少年较成人表现出更高的积极性。

　　就场地情况来看，目前我国篮球场地城乡分布大致符合城乡人口分布情况，总体上能够满足人们对篮球场地资源的需求。随着城市化、城镇化进程的继续推进，未来篮球场地资源的分布有可能向城市、城镇倾斜。此外，免费公共篮球场地资源不仅要考虑满足人们参与篮球运动的基本需求，还应考虑篮球场地资源的容纳能力。尽管公众和青少年对各种类型的篮球场地都有一定比例的使用率，但绝大多数更倾向于使用免费的篮球场地。因此对于收费场地而言，制定易于接受的收费标准不但能够满足人们对优质场地的需求，而且可以缓解公共场地资源不足的压力。由于缺乏收入来源的青少年对收费篮球场地的承受能力有限，学校能否提供充足的篮球场地、收费场地能否提供优惠的价格，都将影响青少年的篮球运动参与情况。

第5章
篮球运动目标认知与价值认知

　　篮球运动是一项易于习得，又兼具对抗性、挑战性、趣味性和观赏性的运动。参加篮球活动，不仅能丰富人们的生活，而且能提高人们的生活质量。更为重要的是，作为一种社会文化现象，篮球运动的价值不仅在于体育运动的一般价值，还具有凝聚时代特征的多元价值。随着社会的发展与进步，篮球运动的价值在不断扩展。篮球运动在发展早期规则简单，上场人数不受限制，是一种简单的游戏，具有娱乐价值。随着篮球运动向世界各地的传播，其规则不断完善，特别是当篮球运动进入奥运会时，其组织形式和本质都发生了巨大的变化。篮球运动不仅具有开发人体运动潜能的价值，也具有拉动经济增长的商业价值，服务国家外交、促进国家荣誉感的政治价值，以及展现民族精神面貌、增强民族凝聚力的文化价值。需要注意的是，篮球运动多元化价值的组合形态并不是一成不变的，而是随着时代的变迁，呈现出特定地域特定时期不同群体具有差异性的多元价值组合形态。

　　本章研究了当前我国公众、青少年、运动员/特长生等群体对篮球运动的需求和多元价值认知，即通过了解不同主体对篮球运动的发展认知和目标认知，分析篮球运动在发展过程中各主体的认知情况。只有了解我国民众对篮球运动的需求和价值认知，才能有效地提供服务，实现精准化供给，并形成"认知—需求—供给"的良性循环。

5.1 篮球运动的发展认知情况

5.1.1 篮球运动技能获得预期

从调查结果来看，在面对从"三大球"中选择一项作为本人体育技能的情况时，超七成（74.9%）家长选择篮球，18.8%的家长选择足球，6.3%的家长选择排球，这意味着篮球在"三大球"中的社会认可度和普及度较高。在期望子女选择项目中，93.6%的家长期望子女从"三大球"中选择篮球作为体育技能，5.6%的家长选择足球，0.8%的家长选择排球（见图5－1）。篮球运动更能受到家长的认可。根据青少年卷调查结果，在打篮球的青少年中，96.6%的青少年表示打篮球是自己的选择，这体现出多数青少年参与篮球运动有足够的内在动力，客观上有利于青少年篮球后备人才的培养。

公众卷调查结果显示，家长对子女的体育教育十分重视。在子女非体育特长生的家长群体中，78.7%的家长愿意让子女成为篮球特长生。青少年对掌握篮球运动技术也表现出浓厚的兴趣。根据青少年卷调查结果，48.1%的青少年愿意成为篮球特长生。整体来看，家长和青少年对篮球运动的认同度与支持度相对较高。

就参与篮球运动的动机来说，青少年卷和公众卷调查结果显

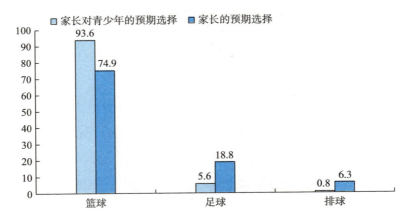

图 5 - 1　家长及其对青少年在"三大球"中的预期选择（单选）

示，74.0% 的青少年参与篮球运动的动机是"学习一项体育技能"，71.9% 的青少年参与篮球运动的动机是"强身健体"，67.9% 的青少年认为篮球运动是自己喜欢的运动（见表 5 - 1）。在被调查的家长中，80.2% 的家长让孩子参与篮球运动是出于"强身健体"的目的，74.5% 的家长让孩子参与篮球运动是"学习一项体育技能"，72.7% 的家长让孩子参与篮球运动是认为"孩子喜欢"，71.7% 的家长认为篮球运动可以让孩子养成"良好性格和心理素质"（见表 5 - 2）。青少年与家长对篮球运动的看法较为相近，说明公众普遍认为篮球运动在身心、学习和社交等方面具有一定的促进作用。

表 5 - 1　青少年参与篮球运动动机

单位：%

	符合	比较符合	一般	不太符合	不符合
学习一项体育技能	74.0	15.1	9.8	0.8	0.4

续表

	符合	比较符合	一般	不太符合	不符合
强身健体	71.9	17.5	8.8	1.3	0.4
孩子喜欢	67.9	19.8	9.3	1.3	1.8
良好性格和心理素质养成	67.5	19.1	11.6	1.3	0.4
培养团队合作精神	67.4	20.8	9.5	1.2	1.0
提高社会交往能力	50.0	26.1	19.8	2.0	2.1
调节学习节奏	45.3	24.4	23.8	4.3	2.2
为国争光	37.6	13.8	27.7	12.0	8.9
孩子有这方面的天赋能力	31.0	25.1	35.4	5.5	3.0
受明星影响	28.5	18.1	30.1	10.9	12.3
增加升入好学校的机会	27.0	17.9	29.4	13.6	12.1
成人喜欢	26.8	15.9	36.2	11.3	9.7
为出国求学准备	16.6	9.2	28.8	21.7	23.7

表5-2　家长让子女参与篮球运动动机

单位：%

	符合	比较符合	一般	不太符合	不符合
强身健体	80.2	9.8	9.5	0.5	0.0
学习一项体育技能	74.5	15.5	9.0	0.8	0.3
孩子喜欢	72.7	14.9	12.1	0.1	0.1
良好性格和心理素质养成	71.7	16.6	10.8	0.8	0.1
培养团队合作精神	70.8	12.9	13.1	2.6	0.6
调节学习节奏	55.2	12.6	21.1	6.5	4.6
提高社会交往能力	51.0	19.2	18.2	3.5	8.1
成人喜欢	44.6	16.3	23.0	2.4	13.6
增加升入好学校的机会	42.5	20.5	23.5	5.4	8.2
为国争光	40.8	18.2	25.7	5.5	9.9

续表

	符合	比较符合	一般	不太符合	不符合
孩子有这方面的天赋能力	33.9	23.2	35.1	6.2	1.6
受明星影响	26.8	7.9	18.3	17.4	29.6
为出国求学准备	17.5	14.2	28.9	15.4	24.0

　　在运动员/特长生中，有55.4%的人表示从事篮球运动是因为篮球运动可以"强身健体"，51.4%的人表示从事篮球运动是出于"运动员等级评定"的考虑，41.2%的人表示从事篮球运动是"考试升学需要"，40.7%的人表示从事篮球运动是促进"团队合作需要"，38.0%的人表示从事篮球运动是要"成为职业球员"，29.2%的人表示从事篮球运动是要"为国争光"，28.3%的人表示从事篮球运动是出于"纯粹兴趣"，20.6%的人表示从事篮球运动是"学校成绩需要"（见图5-2）。对于运动员/特长生来说，"实现社会交往"不是从事篮球运动的主要目的，仅有17.4%的人选

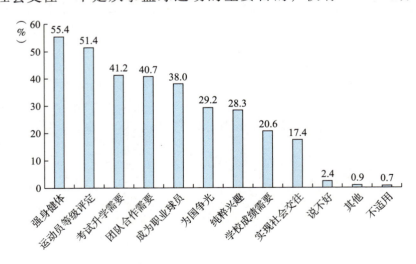

图5-2　运动员/特长生篮球运动动机（多选）

择了这个选项。基于该调查结果，运动员/特长生从事篮球运动大多是出于对自身健康、求职、升学等现实性问题的考虑。

青少年卷调查结果显示，青少年接受职业/专业篮球训练的条件，排前五位的分别为"不耽误文化学习"、"孩子个人意愿"、"未来有出路"、"有机会进入好的学校"和"有机会为国争光"（见图5-3）。根据公众卷调查结果，家长表示其子女接受职业/专业篮球训练的条件，排前五位的分别为"孩子个人意愿"、"不耽误文化学习"、"有机会为国争光"、"有机会进入好的学校"和"教练素质高"（见图5-4）。随着时代的发展和社会观念的转变，家长越来越尊重孩子的个人意愿。青少年在参与篮球运动过程中可以习得运动规则、领会体育精神、形成合作意识，在运动中实现教育。同时，青少年更倾向于在不耽误文化学习的情况下参与篮球运动。

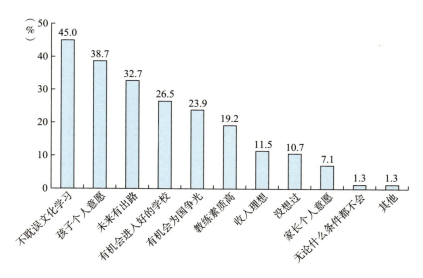

图5-3　青少年接受职业/专业篮球训练的条件（多选）

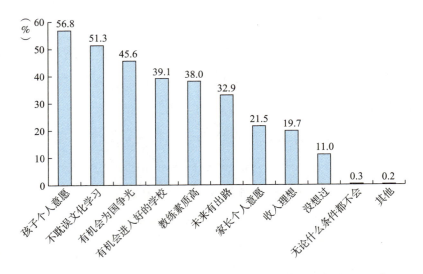

图 5 – 4　家长让子女接受职业/专业篮球训练的条件（多选）

5.1.2　篮球运动的认知价值

就篮球运动的认知价值而言，公众卷和青少年卷调查结果显示，"打篮球让人身体更健康"在公众卷和青少年卷中均居首位，分别有 76.3% 的成人和 70.6% 的青少年对此表示同意，19.7% 的成人和 23.4% 的青少年表示比较同意；居第二位的是"打篮球可以让人更开心"，分别有 65.0% 的成人和 57.0% 的青少年对此表示同意，22.9% 的成人和 26.2% 的青少年表示比较同意；居第三位的是"打篮球可以帮人交更多朋友"，分别有 59.7% 的成人和 55.9% 的青少年对此表示同意，26.2% 的成人和 29.3% 的青少年表示比较同意；54.1% 的成人和 52.1% 的青少年表示"打篮球可以让人心理更强大"，23.5% 的成人和 26.6% 的青少年对此表示比较同意（见图 5–5、图 5–6）。由此可见，成人和青少年对篮球运动在身心发展和社交方面的作用有较高的认可度。

在运动员/特长生卷中，排在前四位的认知与公众卷和青少年卷的顺序相同，但对篮球的多元价值认知更为肯定，表示"同意"的比例显著高于成人和青少年。

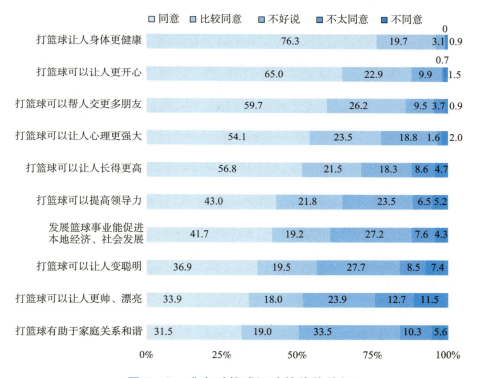

图 5–5　成人对篮球运动的价值认知

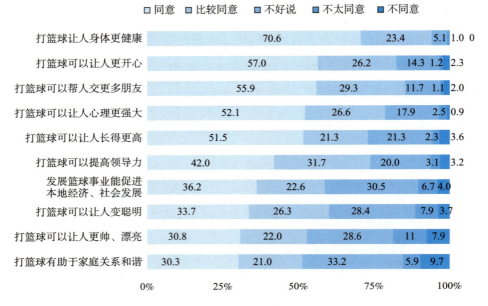

图 5 – 6　青少年对篮球运动的价值认知

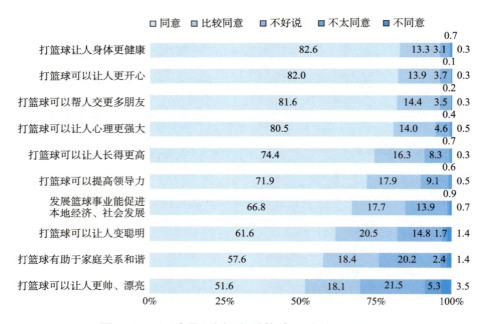

图 5 – 7　运动员/特长生对篮球运动的价值认知

5.1.3 对篮球事业及发展环境的评价

在对篮球事业及发展环境的评价方面，公众、青少年、运动员/特长生、专业机构、业内人士评价为公平或比较公平的比例分别为 53.2%、54.6%、65.2%、58.2% 和 56.3%，均超过半数（见表 5-3）。此外，运动员/特长生、专业机构、业内人士中分别有 24.6%、31.4%、30.7% 的人认为目前公平性较为一般。这从侧面说明目前国内篮球比赛不公平的现象依然存在，应进一步加强对比赛的监督管理，建立赛事监管和投诉处理平台，提升行业治理水平，营造良好的比赛环境，保证比赛的公平公正。

表 5-3 不同主体对当前我国篮球比赛总体公平性的评价

单位：%

	公众	青少年	运动员/特长生	专业机构	业内人士
公平	25.1	30.7	28.2	13.6	10.2
比较公平	28.1	23.9	37.0	44.6	46.1
一般	20.7	19.0	24.6	31.4	30.7
不太公平	2.3	2.8	5.4	6.2	9.3
不公平	1.3	1.5	2.6	2.7	2.8
不清楚/不知道	22.5	22.1	2.3	1.6	0.9

此外，从各问卷调查结果可以看出，各类人士对篮球运动发展总体满意度评价较好。公众、青少年、运动员/特长生、专业机构、业内人士评价为满意或比较满意的比例分别为 50.6%、54.6%、68.6%、78.3% 和 74.1%（见表 5-4）。值得注意的是，公众和青少年对篮球运动发展的整体满意度偏低，运动员/特长生、专业机

构和业内人士对篮球运动发展的整体满意度较高。部分原因在于，公众和青少年接触的赛事多来自电视、网络等渠道报道，媒体针对赛场不公平现象进行了重点报道，以让公众知晓篮球比赛的严格，但同时会造成公众的误解，认为比赛的不公平现象经常发生。由于公众和青少年认为赛事不公平可能影响亲身参与的篮球赛事，对此要加强对裁判员的业务培训，监督平台有效执行相关规定，保证赛事的公平性。

表 5 - 4 不同主体对当前我国篮球运动发展总体满意度的评价

单位：%

	公众	青少年	运动员/特长生	专业机构	业内人士
满意	26.1	27.8	31.4	29.5	17.9
比较满意	24.5	26.8	37.2	48.8	56.2
一般	25.9	23.6	22.8	10.1	10.6
不太满意	3.7	4.2	5.9	9.3	14.0
不满意	2.1	1.7	1.3	2.3	1.3
不清楚/不知道	17.7	15.9	1.4	0	0

对于当前我国篮球文化建设的满意程度问题，根据专业机构卷和业内人士卷调查结果，表示比较满意和满意的比例分别为74.8%和71.2%（见表5-5）。可见，当前我国篮球项目在文化建设上所做出的努力业已获得篮球从业者的认可。

另外，专业机构对我国篮球相关从业人员专业化程度的看法并不乐观，仅有12.8%和33.3%的人认为从业人员是专业和比较专业的，32.2%的人认为从业人员是不够专业和不专业的。从业人员的专业性直接影响到篮球运动的可持续发展，因此要提高从业人员的门槛，同时积极引进体育专业的技能人才和管理人才，促进篮球事业的有序发展。

表5-5 专业机构和业内人士对当前我国篮球文化建设的满意程度

单位：%

	专业机构	业内人士
满意	26.7	17.2
比较满意	48.1	54.0
一般	8.1	11.0
不太满意	15.9	16.2
不满意	1.2	1.6
总计	100.0	100.0

5.2 篮球运动的发展目标

5.2.1 各调查主体对篮球发展目标重要性的认知

根据公众卷调查结果，在公众对篮球发展目标重要性的认知选项中，将"培养青少年篮球后备人才"和"为群众提供便捷的篮球场地设施"作为第一选择的人数比例较高，分别为25.2%和17.6%，体现出公众对培养青少年后备人才的重视。同时要充分利用现有场地资源，满足公众对篮球运动硬件设备的需求；将"提高奥运会和世界大赛的成绩"和"培育篮球市场，促进篮球消费"作为末位选择的人数比例较高，分别为15.0%和14.0%（见表5-6）。

根据青少年卷调查结果，在青少年对篮球发展目标重要性的认知中，将"培养青少年篮球后备人才"和"健全篮球专业人才（含运动员、教练、裁判等）培养体系"作为第一选择的人数比例较高，分别为24.4%和13.1%；将"提高奥运会和世界大赛的成绩"作为第一选择的人数比例为11.8%；将"培育篮球市场，促进篮球消费"和"提高奥运会和世界大赛的成绩"作为末位选择的人数比例较高，分别为18.5%和8.7%（见表5-7）。

根据运动员/特长生卷结果，在运动员/特长生对篮球发展目标重要性的认知中，将"培养青少年篮球后备人才"和"健全篮球专业人才（含运动员、教练、裁判等）培养体系"两项作为第一选择的人数比例较高，分别为31.0%和16.9%；将"培育篮球市场，促进篮球消费"和"提高奥运会和世界大赛的成绩"两项作为末位选择的人数比例较高，分别为19.3%和11.8%（见表5-8）。

值得注意的是，"提高奥运会和世界大赛的成绩"选项在青少年和运动员/特长生群体的选择中，作为第一选择和末位选择的人数比例都较高，表明该选项在青少年和运动员/特长生认知中的异质性较强。

根据专业机构卷调查结果，在专业机构对篮球发展目标重要性的认知中，将"培养青少年篮球后备人才"和"扩大篮球人口规模，提高群众参与水平"作为第一选择的人数比例较高，分别为27.9%和20.5%；将"提高奥运会和世界大赛的成绩"作为末位选择的人数比例最高，为27.9%；将"培育篮球市场，促进篮球消费"作为末位选择的人数比例在所有选项中位居第二，但将该选项作为第三选择和第一选择的人数比例分别为11.2%和10.1%（见表5-9），这说明不同类型机构对该选项的认知差异较大。

根据业内人士卷调查结果，在业内人士对篮球发展目标重要性的认知中，将"培养青少年篮球后备人才"和"健全篮球专业人才（含运动员、教练、裁判等）培养体系"作为第一选择的人数比例较高，分别为28.5%和21.0%；将"提高奥运会和世界大赛的成绩"和"培育篮球市场，促进篮球消费"作为末位选择的人数比例较高，分别为25.3%和11.7%（见表5-10）。

　　从各调查主体对我国篮球事业发展的十个目标选择情况来看，公众、青少年、运动员/特长生、专业机构和业内人士均选择将"培养青少年篮球后备人才"作为我国篮球事业发展目标的第一选择。

　　本研究对各调查主体对各选项重要性的选择顺序进行加权，加权标准为：第一位选择计10分，第二位选择计9分，第三位选择计8分，依次类推，第十位选择计1分，未选择计0分。经过处理后，均值代表各项综合得分，分数越高代表越重要。

　　从各调查主体对我国篮球事业发展的十个目标选择的前两位来看，"培养青少年篮球后备人才"选项在公众、青少年、运动员/特长生、专业机构和业内人士五类主体中的得分（分别为6.33分、5.14分、7.25分、7.43分、7.37分）均为最高；"健全篮球专业人才（含运动员、教练、裁判等）培养体系"选项在专业机构中得分位居第三，在其他四类主体中的得分均位居第二。专业机构中得分位居第二的目标是"扩大篮球人口规模，提高群众参与水平"（6.20分）。总体上看，"培养青少年篮球后备人才"是各类主体认为的篮球事业发展最重要的目标，对"健全篮球专业人才（含运动员、教练、裁判等）培养体系""扩大篮球人口规模，提高群众参与水平"目标的认知情况也处于重要位置。

表5-6 公众认为的目标重要性排序

单位：%

题项	第一选择	第二选择	第三选择	第四选择	第五选择	第六选择	第七选择	第八选择	第九选择	第十选择	未选择
为群众提供专业的篮球指导服务	4.2	6.4	7.0	7.4	7.2	8.0	8.1	6.9	7.1	5.7	31.9
培育篮球市场，促进篮球消费	3.2	3.5	4.4	5.0	5.6	5.8	7.1	7.0	9.0	14.0	35.5
打造群众身边的篮球赛事	5.5	7.7	8.1	7.9	7.7	8.2	7.1	7.5	6.2	4.0	30.1
提高奥运会和世界大赛的成绩	7.8	5.1	4.8	5.2	4.6	3.9	4.4	6.1	7.8	15.0	35.2
丰富体育文化产品，如发展职业篮球联赛	5.7	6.4	6.5	7.2	7.7	6.8	6.8	8.3	8.7	5.1	30.6
为群众提供便捷的篮球场地设施	17.6	9.8	8.4	7.7	6.6	6.3	6.0	5.2	4.5	2.6	25.3
扩大篮球人口规模，提高群众参与水平	11.0	10.4	9.7	8.8	7.8	6.9	6.0	4.7	3.8	2.6	28.2
创造、维护公平的篮球比赛环境和球员选拔规则	8.0	7.5	8.0	7.8	7.5	7.1	7.4	6.8	5.9	3.0	31.1
培养青少年篮球后备人才	25.2	15.9	11.7	8.2	6.3	4.9	3.4	2.6	2.0	1.2	18.6
健全篮球专业人才（含运动员、教练、裁判等）培养体系	11.8	11.8	10.8	7.9	7.0	6.2	5.4	5.0	3.9	2.0	28.2

表 5 - 7　青少年认为的目标重要性排序

单位：%

题项	第一选择	第二选择	第三选择	第四选择	第五选择	第六选择	第七选择	第八选择	第九选择	第十选择	未选择
为群众提供专业的篮球指导服务	4.4	5.8	7.0	6.4	7.6	8.5	7.9	7.4	7.2	4.9	32.8
培育篮球市场，促进篮球消费	3.0	3.7	3.8	4.4	4.6	5.7	5.9	6.2	8.0	18.5	36.2
打造群众身边的篮球赛事	5.1	5.9	6.7	6.9	7.0	7.7	7.8	8.4	7.2	5.3	32.1
提高奥运会和世界大赛的成绩	11.8	8.2	6.8	5.4	4.9	4.8	4.5	5.5	6.6	8.7	32.8
丰富体育文化产品，如发展职业篮球联赛	8.0	6.9	7.7	7.6	7.1	6.8	6.8	6.9	7.9	4.0	30.1
为群众提供便捷的篮球场地设施	10.9	8.3	7.7	6.8	6.5	6.2	6.9	6.8	6.3	4.3	29.3
扩大篮球人口规模，提高群众参与水平	9.4	8.5	9.1	8.3	8.0	6.9	6.4	5.8	4.9	3.1	29.5
创造、维护公平的篮球比赛环境和球员选拔规则	9.9	8.6	8.5	7.9	8.0	6.8	6.8	5.2	4.9	3.0	30.4
培养青少年篮球后备人才	24.4	15.0	9.9	7.9	6.1	4.4	3.8	3.2	2.9	1.8	20.7
健全篮球专业人才（含运动员、教练、裁判等）培养体系	13.1	12.3	10.0	8.1	6.1	5.7	4.8	5.0	3.8	2.4	28.4

表 5 - 8 运动员/特长生认为的目标重要性排序

单位：%

题项	第一选择	第二选择	第三选择	第四选择	第五选择	第六选择	第七选择	第八选择	第九选择	第十选择	未选择
为群众提供专业的篮球指导服务	2.9	5.0	7.3	6.0	9.0	11.1	11	10.1	8.6	8.3	20.8
培育篮球市场，促进篮球消费	3.2	4.1	4.8	5.7	5.9	8.2	7.9	8.9	10.7	19.3	21.1
打造群众身边的篮球赛事	4.9	5.4	7.0	9.3	7.7	9.5	10.5	9.8	9.5	7.3	19.0
提高奥运会和世界大赛的成绩	11.3	8.5	8.4	8.8	7.5	5.5	5.8	6.0	6.8	11.8	19.6
丰富体育文化产品，如发展职业篮球联赛	3.2	5.3	7.7	7.9	9.9	8.7	7.8	11.4	11.2	7.8	19.2
为群众提供便捷的篮球场地设施	7.9	7.9	6.0	7.4	8.8	8.3	10.4	8.9	9.7	6.8	17.9
扩大篮球人口规模，提高群众参与水平	8.3	8.8	10.1	9.6	10.1	10.6	8.8	6.9	5.9	3.7	17.1
创造、维护公平的篮球比赛环境和球员选拔规则	10.2	12.2	12.6	11.1	8.2	7.0	6.5	6.6	5.9	3.4	16.4
培养青少年篮球后备人才	31.0	19.3	11.5	9.3	6.3	4.3	2.9	2.3	1.9	1.3	9.7
健全篮球专业人才（含运动员、教练、裁判等）培养体系	16.9	15.9	14.1	8.9	7.5	5.9	5.4	5.0	4.5	2.1	13.7

表5-9 专业机构认为的目标重要性排序

单位：%

题项	第一选择	第二选择	第三选择	第四选择	第五选择	第六选择	第七选择	第八选择	第九选择	第十选择	未选择
为群众提供专业的篮球指导服务	6.2	5.4	8.1	7.8	12.4	11.2	9.7	9.3	5.8	7.0	17.1
培育篮球市场，促进篮球消费	10.1	8.9	11.2	8.1	9.7	10.1	7.8	5.0	5.8	8.1	15.1
打造群众身边的篮球赛事	3.9	9.7	9.3	13.6	11.2	12.4	6.2	8.9	6.2	2.7	15.9
提高奥运会和世界大赛的成绩	6.2	3.5	1.9	4.3	5.0	2.7	2.7	5.4	9.3	27.9	31.0
丰富体育文化产品，如发展职业篮球联赛	1.9	4.3	6.2	6.2	6.6	7.4	7.8	13.2	16.3	6.6	23.6
为群众提供便捷的篮球场地设施	6.6	6.6	10.9	8.9	10.5	8.1	9.3	6.6	7.8	5.4	19.4
扩大篮球人口规模，提高群众参与水平	20.5	17.4	7.8	10.5	7.0	6.2	7.4	3.9	2.7	3.1	13.6
创造、维护公平的篮球比赛环境和球员选拔规则	7.8	6.6	11.2	8.9	8.1	8.5	10.9	8.5	7.4	2.3	19.8
培养青少年篮球后备人才	27.9	19.4	14.0	10.5	7.0	5.8	3.5	3.1	1.9	0.4	6.6
健全篮球专业人才（含运动员、教练、裁判等）培养体系	8.9	15.5	14.3	9.7	6.6	6.6	8.9	7.8	7.0	1.6	13.2

表5-10 业内人士认为的目标重要性排序

单位：%

	第一选择	第二选择	第三选择	第四选择	第五选择	第六选择	第七选择	第八选择	第九选择	第十选择	未选择
为群众提供专业的篮球指导服务	2.9	5.5	7.5	8.3	10.1	10.6	9.7	10.4	8.5	8.6	18.0
培育篮球市场，促进篮球消费	4.0	3.6	5.6	6.4	6.8	8.5	9.8	10.2	13.4	11.7	19.9
打造群众身边的篮球赛事	5.1	7.8	9.5	10.2	11.3	9.7	10.3	8.9	6.8	4.6	15.9
提高奥运会和世界大赛的成绩	5.6	3.7	4.7	5.7	5.9	5.3	4.8	7.5	8.5	25.3	23.1
丰富体育文化产品，如发展职业篮球联赛	2.4	3.4	5.5	8.6	7.9	9.8	9.4	12.1	14.3	7.0	19.6
为群众提供便捷的篮球场地设施	8.0	7.6	8.9	8.7	8.8	8.4	10.1	8.8	7.3	5.4	18.1
扩大篮球人口规模，提高群众参与水平	15.8	11.8	12.8	9.9	9.4	8.0	6.5	4.7	3.8	2.9	14.3
创造、维护公平的篮球比赛环境和球员选拔规则	6.7	8.7	11.1	11.6	9.2	8.0	9.0	8.0	7.3	3.4	17.2
培养青少年篮球后备人才	28.5	21.8	13.7	8.8	7.0	5.1	3.5	1.8	1.5	0.6	7.7
健全篮球专业人才（含运动员、教练、裁判等）培养体系	21.0	20.3	12.5	9.2	7.1	6.4	4.5	3.4	3.2	0.8	11.8

就分数排序的最后两项来看，公众、青少年和运动员/特长生认为最不重要的两个目标是"为群众提供专业的篮球指导服务"（分别为 3.01 分、3.06 分、3.83 分）和"培育篮球市场，促进篮球消费"（分别为 2.00 分、2.06 分、3.24 分）。就专业机构的态度来看，"丰富体育文化产品，如发展职业篮球联赛"（3.37 分）和"提高奥运会和世界大赛的成绩"（2.56 分）是最不重要的两项。而业内人士则认为"培育篮球市场，促进篮球消费"（3.54 分）和"提高奥运会和世界大赛的成绩"（3.12 分）是最不重要的两项（见表 5 - 11、图 5 - 8）。根据本次调查结果，综合来看，在相对意义上，各调查主体认为"提高奥运会和世界大赛的成绩"和"培育篮球市场，促进篮球消费"的重要程度较低。

5.2.2 各调查主体对中国篮球国家队成绩情况的认知

就中国篮球国家队的比赛成绩是否影响公众与青少年对篮球态度的问题上，公众与青少年的态度基本一致，超七成调查对象表示中国篮球国家队的比赛成绩不会影响其对篮球运动的态度。其中，在公众卷中，75.3% 的调查对象表示"不会"，24.7% 的调查对象表示"会"；在青少年卷中，76.4% 的调查对象表示"不会"，23.6% 的调查对象表示"会"。这表明公众和青少年对篮球运动的态度与中国篮球国家队的比赛成绩关系正向相关性有限。

就"国家队因竞赛成绩波动对我国篮球事业发展影响程度"的看法而言，在专业机构中，超七成调查对象认同中国篮球国家队的比赛成绩对我国篮球事业发展有影响。其中，35.7% 的调查对象表示"影响很大"，44.2% 的调查对象表示"比较有影响"，7.8%

表 5-11 各调查主体篮球运动目标重要性认知综合得分（加权均值）

	公众	青少年	运动员/特长生	业内人士	专业机构
为群众提供专业的篮球指导服务	3.01	3.06	3.83	4.05	4.46
培育篮球市场，促进篮球消费	2.00	2.06	3.24	3.54	5.02
打造群众身边的篮球赛事	3.46	3.21	4.11	4.71	4.91
提高群众奥运会和世界大赛的成绩	3.17	3.64	4.58	3.12	2.56
丰富体育文化产品，如发展职业篮球联赛	3.71	3.57	3.95	3.65	3.37
为群众提供便捷的篮球场地设施	4.26	3.84	4.39	4.62	4.56
扩大篮球人口规模，提高群众参与水平	4.09	3.96	4.96	5.83	6.20
创造、维护公平的篮球比赛环境和球员选拔规则	4.01	3.58	5.35	4.88	4.67
培养青少年篮球后备人才	6.33	5.14	7.25	7.43	7.37
健全篮球专业人才（含运动员、教练、裁判等）培养体系	4.35	4.12	6.10	6.66	5.58

调查主体	公众	青少年	运动员特长生	业内人士	专业机构
创造、维护公平的篮球比赛环境和球员选拔规则	4.01	3.58	5.35	4.88	4.67
为群众提供便捷的篮球场地设施	4.26	3.84	4.39	4.62	4.56
打造群众身边的篮球赛事	3.46	3.21	4.11	4.71	4.91
为群众提供专业的篮球指导服务	3.01	3.06	3.83	4.05	4.46
丰富体育文化产品，如发展职业篮球联赛	3.71	3.57	3.95	3.65	3.37
提高奥运和世界大赛的成绩	3.17	3.64	4.58	3.12	2.56
培育篮球市场，促进篮球消费	2.00	2.06	3.24	3.54	5.02
健全篮球专业人才（含运动员、教练、裁判等）培养体系	4.35	4.12	6.10	6.66	5.58
扩大篮球人口规模，提高群体参与水平	4.09	3.96	4.96	5.83	6.20
培养青少年篮球后备人才	6.33	5.14	7.25	7.43	7.37

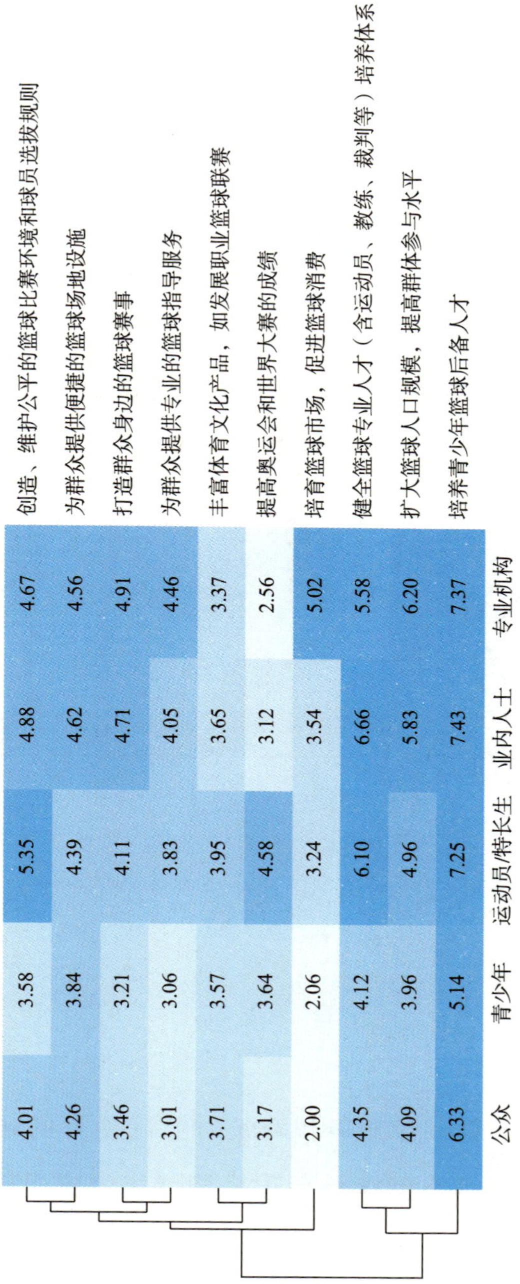

图5-8　各调查主体篮球运动目标重要性认知综合得分（加权均值）

的调查对象表示"不确定"，12.4%的调查对象认为"影响不大或很小"。业内人士的认知与专业机构相似，29.0%的调查对象表示"影响很大"，45.6%的调查对象表示"比较有影响"，7.5%的调查对象表示"不确定"，18.0%的调查对象认为"影响不大或很小"。运动员/特长生对该问题的态度较为谨慎，近三成调查对象表示"影响很大"，23.1%的调查对象表示"不确定"，6.7%的调查对象认为"影响不大或很小"（见图5-9）。

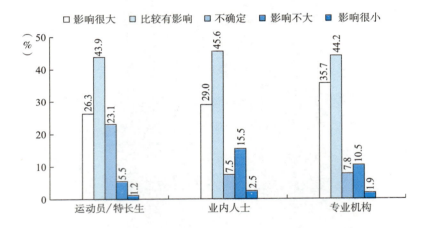

图5-9　运动员/特长生、专业机构、业内人士对
中国篮球国家队成绩影响的看法

5.3　小结

从以上结果来看，青少年和家长对篮球项目的认可度居"三大球"之首，有74.9%的家长期望将篮球作为主要体育技能，超过九成家长希望篮球能成为其子女的主要体育技能，绝大多数青少年也表示打篮球是自己的选择。在参与篮球运动的动机上，家

长和青少年都将强身健体和学习一项体育技能作为主要目的。有72.7%的家长因为孩子喜欢、67.9%的青少年认为自己喜欢而参与篮球运动，可见发自内心对篮球的喜欢是参与篮球运动的重要影响因素。在对篮球事业发展及环境的评价方面，超过半数的公众、青少年、运动员/特长生、专业机构和业内人士认为篮球比赛总体是公平或比较公平的，但有一定比例运动员/特长生、专业机构和业内人士认为目前篮球比赛公平性较为一般，这说明篮球比赛中的不公平现象需持续改善。

在对篮球发展目标重要性的认知方面，各调查主体都将"培养青少年篮球后备人才"作为当前我国篮球事业发展的首要目标，而"提高奥运会和世界大赛的成绩"和"培育篮球市场，促进篮球消费"是被各调查主体认为最不重要的两个发展目标。这不仅体现出新时期人们对篮球运动发展目标认知的多元化取向，也体现出人们对篮球运动发展目标的规律性、体系性认知。竞技体育是按照先有基础再有成绩的规律发展的，民众普遍认为，只有拥有广泛的篮球人口基础后，比赛成绩才会得到保障。做好培养青少年篮球后备人才、健全篮球专业人才（含运动员、教练、裁判等）培养体系等工作，是提高奥运会和世界大赛成绩的重要途径。在对中国篮球国家队成绩影响的看法中，有超七成公众（75.3%）和青少年（76.4%）认为中国篮球国家队的比赛成绩不会影响其对篮球运动的态度，但运动员/特长生、专业机构和业内人士更加看重中国篮球国家队的成绩，分别有70.2%、74.6%和79.9%的人认为中国篮球国家队的成绩对其影响很大或比较有影响。

我国篮球运动发展水平的提高，有赖于篮球人口规模的扩大，家长应当鼓励并亲身带领孩子参与篮球运动，尽早让对篮球有兴趣的青少年掌握基本篮球技术，培养其成为篮球人口。对于公众和青少年参与篮球运动的需求，一方面要以强身健体、促进健康为导向，让参与篮球运动成为保持健康生活方式的重要手段，可以采取亲身参与、多种形式观赛等较为灵活的方式，保持对篮球运动的持续关注；另一方面，通过参与篮球运动来丰富社交、结识朋友，以"线上＋线下"的形式，充分利用社交媒体，建立篮球社交群体，形成独特的篮球社会网络和圈层。需要对青少年篮球后备人才进行培养，进一步完善青训体系和选拔体系，加强跨部门之间的合作，打通青少年篮球赛事的输送渠道，重视校园篮球赛事体系的构建，让高水平篮球特长生可以兼顾学业和专业，营造良好的篮球文化环境。各方应进一步提升各级别篮球比赛的监督和管理水平，在提高篮球比赛质量的同时，保证篮球比赛的公平公正。

第6章
家庭篮球与女性参与

体育运动是家庭丰富余暇时间的方式之一，也是维系家庭团结和睦的纽带。作为家庭教育的一种方式，家庭体育是民众和青少年体育发展的基石。家庭体育不仅是学校体育的扩展和延续，而且是培养体育人口的重要场域。父母的体育认知、态度和经历都在无形中影响着子女的体育认知、态度和体育行为，家庭的体育方式、体育习惯、体育投入、体育氛围也渗透在青少年的成长过程中。

作为深受青少年喜爱的运动项目，篮球运动是家庭体育的主要活动方式之一。子女参加篮球运动不仅能重燃家长们的体育参与热情，而且家长自身对篮球运动的偏好和兴趣也会以行为示范的方式传递给子女，激发子女对篮球运动的兴趣及参与热情，从而形成双向代际互动模式。这不仅有利于家庭体育氛围的形成，也有利于促进家庭团结、塑造良好家风。

在家庭体育活动中，女性扮演着重要角色。母亲不仅仅是子女体育活动的启蒙者，也是子女积极参与体育运动的引导者和陪伴者。母亲积极向上的体育运动态度，会潜移默化地传递给子女；母亲良好的体育锻炼习惯，也会为子女积极参与体育运动树立榜样。更重要的是，母亲在体育运动中所展现出来的吃苦耐劳、坚韧不拔、自我突破、迎难而上等体育精神会对子女的人生观、价值观和世界观产生深远影响。因此，女性篮球运动参与不仅是性别意义上的个体参与，而且是通过家庭培养篮球人口的重要形式。

随着经济社会的发展、女权主义的兴起以及社会结构的改变，篮球消费市场逐渐成长，篮球运动与观赏、培训、社交及休闲等"泛篮球"活动的融合发展新形态正在萌发，女性群体对于篮球运动的需求不断增长，女性参与篮球运动的比例也在不断上升。然而，一部分女性由于持有"篮球运动是男性运动"的刻板印象，排斥直接参与篮球运动，而是通过现场观赛、观看直播、转播、相关视频或参与其他形式的活动间接参与篮球运动。另一方面，育有子女的女性，除了自身的职业劳动之外，还要投入大量时间精力照料家庭，承担母职角色。在体育运动维度上，她们往往优先满足男性及子女的体育需求，忽视自身体育参与的需求。这在一定程度上影响了女性的体育运动参与。因此，相较于男性，女性亲身参与篮球运动的比例仍然较低，女性参与篮球运动还面临着诸多挑战。

本章主要聚焦家庭篮球与女性参与两大主题，通过对父母与子女对篮球运动的认知差异、家庭篮球互动情况、家庭成员从事体育运动情况以及女性观看篮球运动和篮球比赛情况、女性参与篮球运动情况等进行分析，来了解家庭篮球及女性参与篮球运动的基本情况，并由此提出促进家庭篮球和女性篮球发展的可行性建议。

6.1　家庭篮球情况

6.1.1　父母与子女篮球运动的互动情况

根据公众卷调查结果，在有 3～17 岁孩子的家庭中，48.1% 的家长带子女一起打过篮球。此外，有 41.3% 的家长表示带孩子观看过现场篮球比赛，61.1% 的家长表示带孩子观看过篮球比赛转播。数据表明，多数家长有意愿带孩子直接或间接参与篮球运动，这种行为有利于激发子女对篮球运动的兴趣。此外，家庭观看篮球赛事的方式仍然以主流媒体为主。考虑到代际年龄差的因素，家庭成员共同观看篮球赛事要比亲身参与更易于实现，而共同观赛是培养泛篮球人口①以及促进亲身参与篮球运动的重要条件。

篮球运动在家庭代际间具有传承性。根据在线样本库（18～25 岁）调查，公众家庭父代打篮球，子代打篮球的比例为 25.8%；父代不打篮球，子代打篮球的比例为 11.2%（见表 6-1）。前者比例显著高于后者，统计上显著（$p = 0.000$）。运动员/特长生卷调查结果也显示，24.1% 的运动员/特长生家庭中有成员从事体育行业，13.0% 的运动员/特长生家庭中有成员在篮球领域就职，13.0% 的运动员/特长生家庭中有成员具有专业篮球运动经历（见图 6-1）。由此可见，父代自身的篮球偏好和兴趣会影响子女，子女从事篮球运动的行为受家庭影响较大。

---

①　泛篮球人口是指不以直接参与篮球运动为主要活动形式，更多以篮球观赛、篮球消费、篮球培训及周边产品使用等为表现特征的篮球爱好者。

表 6 - 1　篮球运动的代际传承

单位：%

		父代		总体
		不打篮球	打篮球	
子代	不打篮球	88.8	74.2	87.8
	打篮球	11.2	25.8	12.2

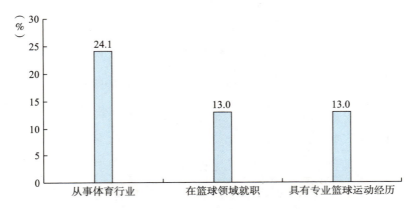

图 6 - 1　运动员/特长生家庭中成员从事体育运动情况

注：图中三个数据来自运动员/特长生卷的三个不同问题，没有互斥关系，故加总无意义。

从公众卷调查结果来看，66.2% 的公众子女没有参与过小篮球比赛，29.6% 的公众子女参与过小篮球比赛（见图 6 - 2）。这表明小篮球比赛的推广已经取得一定成效，同时意味着小篮球比赛在公众中的认知程度还有待进一步提高，潜力巨大。

6.1.2　父母与子女对篮球运动的认知差异

本节通过从青少年自身、家长自身以及家长认为青少年对篮球运动的喜爱程度和双方各自对篮球球星与球队的喜爱程度等方面分析两个群体的代际差异。

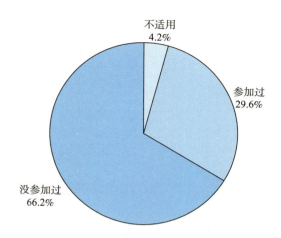

图 6 - 2　公众子女参加小篮球比赛的情况

　　通过对比公众卷和青少年卷调查结果可知，青少年自身与家长认为其子女对篮球运动的喜爱程度存在一定差异，家长对子女对篮球运动喜爱程度的评价更为乐观（见图 6 - 3）。有 41.6% 的青少年表示对篮球运动的喜爱程度为"一般"，而有 49.5% 的家长认为其子女对篮球的喜爱程度为"喜欢"。认为其子女对篮球运动有兴趣（"喜欢"或"比较喜欢"）的家长总共占 79.3%，而青少年自身对篮球运动有兴趣的人数比例为 48.1%，两组评价数据呈现一定差距。这意味着家长希望子女打篮球高于子女自身喜欢打篮球的程度。部分原因在于各类项目的普及让青少年可选择的空间更大。尽管青少年运动素养转移有利于扩大篮球人口，但日益多样化的体育项目选择也为篮球人口的进一步扩大带来了挑战。

　　根据公众卷和青少年卷调查结果，公众和青少年对篮球运动的喜爱程度具有高度相似性。有 53.3% 的公众和 48.1% 的青少年对参与篮球运动表示"喜欢"或"比较喜欢"；只有 7.0% 的公众

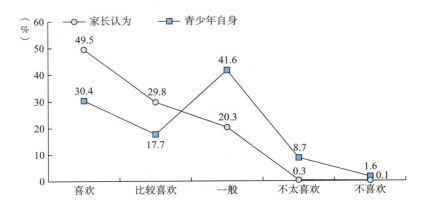

图 6 - 3　家长认为其子女及青少年自身对篮球运动的喜爱程度

和 10.3% 的青少年对参与篮球运动表示"不太喜欢"或"不喜欢"。另有 39.8% 的公众和 41.6% 的青少年对篮球运动的喜爱程度"一般"（见图 6 - 4）。

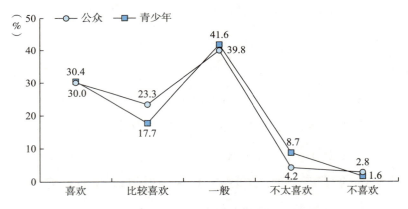

图 6 - 4　公众和青少年对篮球运动的喜爱程度

6.1.3　公众与青少年最喜欢的球队与球星差异

根据对公众卷和青少年卷数据的统计，公众最喜爱的中国球员前五位分别是姚明、易建联、郭艾伦、王治郅和周琦，最喜爱的

外国球员前五位分别是科比·布莱恩特、迈克尔·乔丹、勒布朗·
詹姆斯、斯蒂芬·库里和阿伦·艾弗森。青少年最喜爱的中国球
员前五位分别是姚明、易建联、郭艾伦、胡明轩和赵睿，最喜爱的
外国球员前五位分别是科比·布莱恩特、勒布朗·詹姆斯、迈克
尔·乔丹、斯蒂芬·库里和凯里·欧文。①

　　整体来看，公众与青少年在喜爱的篮球球星上虽有重合但也
有一定的差异，公众最喜爱的球星以中国著名运动员为主，其次
是 NBA 球星，而青少年群体则更喜欢 NBA 球星。代际差异以及球
员的运动生涯阶段都会对公众和青少年群体的认知度和支持度产
生影响。

图 6-5　公众最喜爱的球星

① 此部分分析未加权。

图 6-6　青少年最喜爱的球星

公众最喜爱的球队前五位分别为湖人、广东、火箭、辽宁和中国国家队；青少年最喜爱的球队前五位分别为湖人、火箭、勇

图 6-7　公众最喜爱的球队

图 6 - 8　青少年最喜爱的球队

士、广东和辽宁。从中可以看出，公众喜爱的球队既有 CBA 球队、NBA 球队，也有中国男女篮国家队和 CUBA 球队，以及国内初、高中的校篮球队，而青少年多喜爱 NBA 球队，CBA 球队次之。这意味着公众对国家队和本土球队有着较高的支持度。

6.2　女性参与篮球运动情况

随着社会发展、性别平等化浪潮等多重因素的叠加，女性参与体育运动的比例有所上升。调查结果表明，女性参与体育运动不仅可以提升自我价值，促进健康生活方式的养成，而且有利于家庭体育氛围的形成①，从而使家庭和睦、团结。因此，女性参与

---

① 林金玉、熊欢：《女性体育参与社会支持体系的研究综述及展望》，《成都体育学院学报》2020 年第 1 期。

体育运动的情况一直是体育社会学家研究的重要领域之一。

本节通过对女性参与篮球运动的情况进行调查来了解女性参与篮球的一般情况，为女性篮球运动发展提出建议。

6.2.1　女性观看篮球赛事情况

从不同性别观看篮球赛事的情况来看，男性（74.7%）高于女性（64.2%）；而在居住社区/村观看别人打篮球的公众中，女性（71.0%）则高于男性（62.3%）。由此可见，受社会观念和女性生活特征的影响，相较于亲身参与篮球运动，女性更倾向于观看篮球赛事和相关篮球活动，成为"泛篮球人口"。

此外，在参加篮球球迷组织方面，公众卷和青少年卷调查结果显示，男性（11.0%）、女性（8.9%）参与篮球球迷组织的差异不显著。而在青少年中，男性参与篮球球迷组织的比例（16.7%）明显高于女性（9.2%）。因此，为促进女性参与篮球运动，球迷组织应扩大自身在青少年女性中的影响力，吸引女性观看篮球比赛，以增加其对篮球运动和篮球比赛的了解，使其成为"泛篮球人口"，进而促进女性参与篮球运动。

6.2.2　对女性参与篮球运动的认知情况

从公众对篮球参与的性别认知情况来看，有53.3%的人认为"女性和男性一样适合打篮球"，21.7%的人表示"比较同意"，25.0%的人对此持质疑态度。青少年对篮球参与性别认知情况与公众较为一致，52.1%的人表示"同意"，19.4%的人表示"比较同意"。而相较于前两者，91.9%的业内人士认为"女性和男性一样适合打篮球"。其中，71.3%的调查对象表示"同意"，20.6%的调查对象表示"比较同意"，仅有8.1%的调查对象对此持质疑态度（见图6-9）。从公众卷和青少年卷调查结果来看，不同性别对"女性和男性一样适合打篮球"说法的同意程度没有显著差异，甚至对此表示同意的女性略高于男性（见表6-2）。这意味着尽管公众和青少年整体上认可女性参与篮球运动，但他们对女性参与篮球运动的认同度还有较大的提升空间。如何提高女性参与篮球运动的认知、营造女性参与篮球运动的良好社会氛围是当前亟待解决的问题。

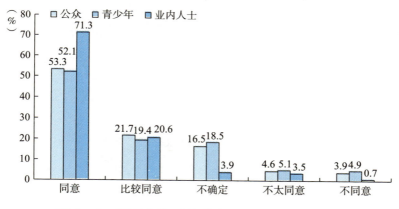

图6-9 不同主体对篮球参与性别的认知情况

表6-2 公众和青少年对"女性和男性一样适合打篮球"说法的同意程度

单位：%

	公众		青少年	
	男	女	男	女
同意	47.9	58.9	50.9	53.5
比较同意	24.8	18.5	20.8	17.7
不确定	17.3	15.7	20.6	16.1

续表

	公众		青少年	
	男	女	男	女
不太同意	5.3	3.8	4.3	6.1
不同意	4.7	3.1	3.4	6.7

综上，女性篮球运动有较大的发展空间，应继续支持女性篮球的多元化、创新性发展。例如，可以在符合篮球项目运动规律的前提下，参照小篮球运动的项目规则和器材调整的成功先例，研发适合女性参与篮球运动的比赛规则和组织形式，让女性更愿意由间接观看篮球赛事转变为直接参与篮球运动。同时，鼓励部分参与兴趣不足、运动经历有限的女性通过陪伴子女、朋友参赛的方式以及观看篮球动漫、篮球综艺节目、短视频等方式了解篮球运动，培养其成为"泛篮球人口"。

6.3　小结

家庭是个体社会化的初级单位，也是青少年获得体育印象、进行体育启蒙、形成运动惯习的主要场域。父辈对子辈体育活动方面的影响，不仅在于提供体育活动的经济支出，也在于通过家庭体育文化资本进行代际传递。[①] 调查数据显示，从青少年的篮球喜爱程度情况来看，父辈希望子女打篮球甚于子女自身喜欢打篮球。

---

① 孙湛宁、龙笠：《家庭体育资本的维度与作用机制：基于青少年体育参与的实证研究》，《中国青年研究》2020 年第 8 期。

从公众和青少年喜爱篮球球员和篮球队的情况来看，公众和青少年对球员的选择存在较大差异，球员的运动生涯阶段影响了不同群体的认知度和支持度。公众喜爱的球队既有 CBA 球队、NBA 球队，也有中国男女篮国家队和 CUBA 球队，以及国内初、高中的校篮球队，支持的球队类型比较广泛，对国家队和本土球队的支持态度比较明显，而青少年则多喜爱 NBA 球队，CBA 球队次之。

　　从家庭成员的篮球互动情况来看，家长带孩子打过篮球的比例为 48.1%。此外，41.3% 的家长带孩子看过现场篮球比赛，带孩子观看过篮球比赛转播的比例为 61.1%。在家庭篮球中，家长与子女在篮球方面的互动本身就是一种良好的体育教育和家庭教育。同时，子女参加篮球运动也可以重燃家长们的体育参与热情，实现家庭成员间体育运动的双向影响。此外，社区篮球活动作为家庭篮球的重要延续，可以在一定程度上满足家长及子女的篮球运动需求。应加强家庭篮球与社区篮球之间的积极互动，充分发挥家庭篮球在学校篮球和社区篮球之间的衔接作用，促进"家校社"篮球运动共建。

　　就女性参与篮球运动的情况来看，目前女性群体亲身参与篮球运动的比例仍然较低。目前大部分女性参与篮球活动是以家庭为中心，这种以家庭为中心的体育活动，不仅可以促进女性自身的发展，而且有利于家庭健康生活方式的养成以及良好家庭氛围的形成。然而，由于受社会观念、家庭结构、地位等诸多因素的影响，女性参与篮球运动还面临着许多障碍。因此，不仅要改变"篮球运动是男性运动"的刻板印象，还要构建促进家庭篮球互动和女性篮球参与的社会支持体系，以女性篮球参与和小篮球运动带动家庭篮球运动，鼓励、支持女性共同参与篮球运动，激发女性参与篮球运动的热情，提升女性的自我价值感，并通过促进女性篮球参与形成性别结构更加均衡的篮球人口。

第7章
学校篮球与体教融合

    作为学校教育的重要组成部分，学校体育不仅能够提升学生的身体素质，还可以培养学生的道德意志品质，进而促进学生身心全面发展。2019年中共中央和国务院在颁布《关于深化教育教学改革全面提高义务教育质量的意见》中提出要强化体育锻炼，让每位学生掌握1～3项运动技能，广泛开展校园普及性体育运动。①学校篮球作为学校体育的重要课程和开展情况较好的运动项目，能够帮助学生强身健体、缓解学习压力并促进其社会化以及健康人格的形成。其中学校篮球队、篮球社团以及篮球特长班等在发展学校篮球方面承担着重要责任，是青少年了解、学习并进一步发展篮球技能和爱好的重要渠道。同时，青少年在校参与篮球运动也离不开家庭的支持，家长对青少年参与学校篮球运动的了解程度可以从侧面反映出家庭对学校篮球的评价情况以及对学校篮球开展的影响程度。

    我国学校体育在长期发展过程中经历了从"体教分离"到

---

① 《中共中央 国务院关于深化教育教学改革全面提高义务教育质量的意见》，中华人民共和国中央人民政府，http://www.gov.cn/zhengce/2019–07/08/content_5407361.htm，最后访问日期：2021年5月28日。

"体教结合" 再到当前正在进行的 "体教融合" 三个阶段。以往 "体教分离""体教结合" 的运行模式逐渐与我国改革与发展的进程不相适应，造成学校体育得不到重视、学校体育发展不够完善等问题，而新时代的 "体教融合" 模式则针对当前青少年体质下降、学校体育发展滞后等问题，倡导 "体回归教"，即促进学校体育、竞技体育、社会体育、体育产业之间的进一步联动。① 学校篮球的开放和进步是 "体教融合" 改革过程中的重要组成部分。2020 年体育总局、教育部等部委在联合发布的《关于深化体教融合、促进青少年健康发展意见》中从体育教学、赛事组织、体育人才培养等方面对青少年体育健康发展提出了指导意见。2021 年，体育总局发布的《"十四五" 体育发展规划》进一步明确了 "坚决贯彻中央有关深化体教融合政策精神，联合教育部门以田径、游泳基础大项和'三大球'等集体球类项目为重点，建立国家队、省队组建与高校高水平运动队建设相衔接的体制机制"。体校作为我国篮球人才培养的重要渠道，长期以来存在 "重武轻文" 的现象，运动员文化课学习不足，难以实现全面发展，直接影响未来的职业生涯发展。因此，体校教学和训练的改革在 "体教融合" 发展方面同样具有重要意义。

本章聚焦学校篮球与篮球体教融合两个领域，从学校体育参与情况、学校篮球课程与赛事情况以及篮球体教融合的总体评价与实施建议三个方面调查分析了相关领域的发展状况，并提出相关建议。

---

① 毛振明、丁天翠：《体教分离→体教结合→体教融合→体回归教——从中国青少年竞技体育的历史发展看 "体教融合" 的方向》，《体育教学》2021 年第 4 期。

7.1　学校篮球参与情况

7.1.1　家长对青少年学校篮球参与情况的了解程度

学校是青少年接触篮球运动和养成篮球运动习惯的重要场所，家长和学校的良好配合及互动能为学校篮球的健康发展提供动力。根据公众卷调查结果，在有 6～17 岁孩子的家庭中，76.9% 的家长知道孩子在校打篮球，10.1% 的家长告知孩子在校不打篮球，另有13.0% 的家长对此表示不清楚。在参加篮球校队和篮球社团方面，49.1% 的家长表示孩子参加了篮球校队或篮球社团，12.1% 的家长表示孩子没有参加篮球校队或篮球社团，19.3% 的家长表示不清楚，19.4% 的家长表示学校没有设立篮球校队或篮球社团。从以上数据可以看出，家长对子女在校打篮球的情况比较了解，关注度也比较高。

根据公众卷调查结果，问及学校篮球教学是否能满足孩子需要时，56.3% 的家长认为目前可以满足，17.9% 的家长认为不能满足，25.8% 的家长表示不清楚或不了解这一情况。问及学校篮球教练员来源时，54.8% 的家长回答是学校体育教师兼任篮球教练，32.6% 的家长回答是学校篮球教练，此外还有的是专业/职业篮球教练员（9.5%）、体校外聘教练（2.4%）、退役篮球运动员（2.2%）以及社会篮球培训机构外聘教练（1.3%）等。11.7% 的家长表示不知道/不清楚，4.7% 的家长表示学校没有篮球教练员（见图 7－1）。由此可见，当前中小学学校体育教师兼任篮球教练员的现象比较普遍，半数学校篮球教练并非篮球专业出身，与校外机构的合作比较少，这反映出中小学在篮球教学方面相对保守，尚未与外界形成良好联动，专业性有待提高。

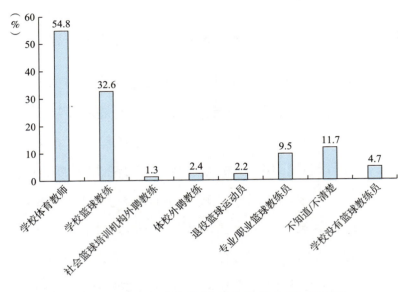

图 7－1　青少年学校篮球教练员的来源（多选）

　　家长对子女在校参与篮球运动的认可度较高。根据青少年卷调查结果，93.2%的青少年表示家长赞同自己在学校打篮球，只有1.9%的青少年表示家长不赞同，另有4.9%的青少年表示家长不知道情况。这从一个侧面体现出大多数家长肯定和支持青少年参加篮球运动，也意味着学校在普及青少年篮球运动和提高篮球技能方面发挥着重要作用。

7.1.2　学校篮球队与篮球社团发展情况

　　从对青少年的调查结果来看，58.5%的青少年表示学校有篮球队，17.2%的青少年表示学校没有篮球队，另有24.4%的青少年不清楚学校是否有篮球队。42.0%的青少年表示所在学校有篮球社团，26.1%的青少年表示所在学校没有篮球社团，还有31.9%的青少年不清楚学校是否有篮球社团。在表示学校有篮球队或篮球社团的青少年中，26.9%的青少年参加了学校篮球队，73.1%的青少年没有参加；26.0%的青少年参加了学校篮球社团，74.0%的青少年没有参加篮球社团。从上述数据来看，中小学生中大约有1/4参加了学校篮球队或篮球社团。学校篮球队和篮球社团不仅是丰富青少年课余时间的重要渠道，还是学校篮球课的重要补充，在培养篮球兴趣、提高篮球技能、养成篮球习惯等方面发挥着重要作用。但目前其积极作用没有被充分发掘，因此应进一步促进中小学学校篮球队和篮球社团的发展。

7.2　学校篮球课程设置与赛事情况

7.2.1　中小学学校篮球课程开展情况

根据青少年卷调查结果，34.6%的青少年首次接触篮球在12～14岁，占比最大；25.0%的青少年首次接触篮球在9～11岁；16.6%的青少年首次接触篮球在6～8岁；14.9%的青少年首次接触篮球在15～17岁；5.3%的青少年在学龄前接触篮球（见图7－2）。随着年龄的增加，接触篮球的青少年人数逐渐增长，到初中阶段达到峰值。这在一定程度上反映出学校篮球课程、篮球队及篮球社团等对青少年参与篮球运动的影响。

在中小学篮球课程方面，51.8%的青少年在学校体育课上打篮球，48.2%的青少年在学校体育课上不打篮球。在具体教学层面，

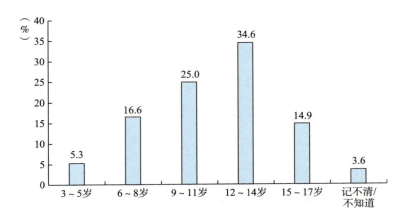

图 7-2 青少年开始接触篮球的年龄

62.9%的青少年认为目前学校在篮球教学方面是专业的，37.1%的青少年认为学校在篮球教学方面是不专业的；81.0%的青少年认为目前学校在篮球教学方面能够满足他们的需要，19.0%的青少年认为目前学校在篮球教学方面不能满足他们的需要。可见当前中小学学校篮球课程对青少年的吸引力较大，但是学校在篮球教学方面存在专业性欠缺的问题，面对不同年级、性别、技术水平的学生，现有的学校篮球课程难以满足不同运动技能性的需要。

在青少年提高自身篮球技能方面，调查结果显示，在打篮球的青少年中，72.5%的青少年通过学校篮球队提高自己的篮球技能，其他渠道依次为自己钻研练习（34.0%）、社会篮球培训机构（28.1%）、向篮球技能高的亲朋好友学习（23.0%）、职业篮球俱乐部青训（19.7%）、地方篮协组织的训练机构（13.0%）及其他渠道（0.8%）（见图7-3）。从中可以看出，学校篮球队是青少年提高自身篮球技能的主要渠道，学校篮球队教练员的水平在很大程度上可以影响青少年篮球技术水平的提高。

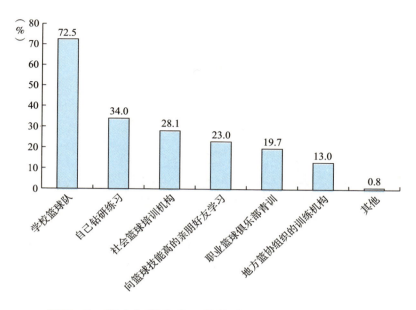

图 7 - 3　青少年提高自己的篮球技能的渠道（多选）

与公众卷的调查结果接近，根据青少年卷调查结果，中小学篮球教练员的来源较广，超过半数（55.1%）学校的体育老师做篮球教练，22.7% 的学校有篮球教练，其他来源有专业/职业篮球教练（7.1%）、社会篮球培训机构外聘教练（5.7%）、退役篮球运动员（4.1%）、体校外聘教练（3.0%）。有 26.4% 的青少年对此表示不知道/不清楚，4.5% 的青少年表示所在学校没有篮球教练员（见图 7 - 4）。由此可见，当前中小学学校体育老师兼任篮球教练的现象比较普遍，非篮球专项的体育老师指导篮球教学、训练等活动，在一定程度上会影响青少年篮球技术动作标准程度和进一步提高的空间。同时，中小学学校与校外篮球培训机构和篮球专业人士的合作较少，青少年在学校内接受相对专业的篮球指导比较有局限性。

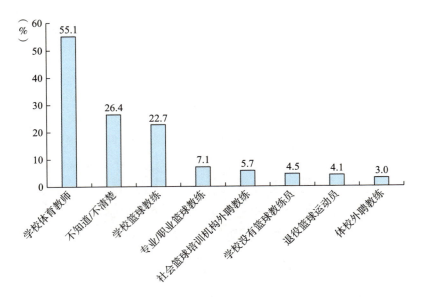

图 7 - 4 中小学学校篮球教练员的来源

7.2.2 高校篮球运动发展情况

　　大学生是我国篮球运动的主要参与人群之一，高校篮球课程的开展情况是我国篮球事业发展的重要组成部分。其中，CUBA 联赛作为国内高校顶尖篮球赛事，自 1998 年成立以来，为我国篮球事业培养了大量各类篮球人才和篮球爱好者，发展并丰富了传统的篮球人才观，也为篮球领域"体教结合""校企结合"发展模式提供了借鉴。

　　根据青少年卷对高校学生群体调查结果，71.5% 的大学设有篮球课，14.4% 的大学没有篮球课，还有 14.1% 的大学生不清楚自己所在大学是否有篮球课。在有篮球课的大学中，59.3% 的大学生选修过大学篮球课，40.7% 的大学生没有选修过大学篮球课；在获得学校选篮球课的机会方面，32.1% 的大学生表示容易，31.9% 的大学生表示比较容易，23.4%的大学生表示一般，9.0%的大学生表示不太容易，3.6%的大学生表示不容易。由此可见，高校篮球课程开展得比较好，能吸引近六成学生参与，选课也较为容易。

面对所在学校有无CUBA球队的问题，18.5%的大学生表示所在高校拥有CUBA球队，41.0%的大学生表示所在高校没有CUBA球队，40.5%的大学生表示不知道本校是否有CUBA球队。这表明，当前参加CUBA联赛的高校仍然比较少，大多数学校没有CUBA球队或参赛成绩不佳。超四成大学生不知道所在学校是否有CUBA球队，在一定程度上反映出CUBA联赛的知名度和影响力仍有待提高。

在业内人士卷调查中，当问及有关高校高水平篮球运动队建立面临的限制因素时，77.0%的业内人士认为学校领导不重视，比例最高；67.6%的业内人士认为学校没有资金投入体育。其他方面包括缺乏高水平教练员队伍（65.2%）、高考特长生名额限制（62.3%）、基层篮球赛事不足（54.4%）、学校没有篮球传统（46.3%）以及与篮协联系不够（33.3%）等（见图7-5）。从业内人士的反映来看，当前高校建立高水平篮球队面临的限制因素主要源于高校自身，其中学校领导不重视是最主要原因，学校没有资金投入体育次之。此外，人才匮乏和招生制度限制以及基层赛事不足也受到超半数业内人士的关注。

7.3　当前体教融合情况的评价与实施建议

7.3.1　当前体教融合状况的评价及建议

根据业内人士卷调查结果，31.6%的业内人士认为目前"体

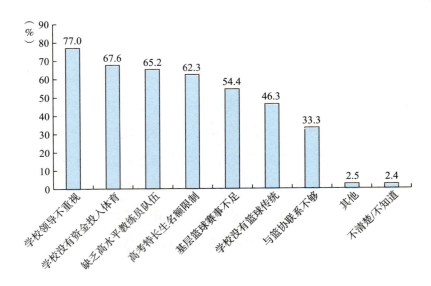

**图 7-5　业内人士就高校高水平篮球运动队建立
面临的限制因素的看法（多选）**

教融合"状况好，29.2% 的业内人士持不确定态度，36.0% 的业内人士认为情况不好，3.1% 的业内人士表示不清楚。根据运动员/特长生卷调查结果，运动员/特长生对"体教融合"状况持积极评价的比例超过半数，达 51.4%；9.5% 的运动员/特长生认为"体教融合"状况"不好"，29.5% 的运动员/特长生对此表示"不好说"，9.6% 的运动员/特长生对此表示"不清楚"（见图 7-6）。

　　篮协系统卷调查结果显示，49.7% 的篮协系统人士对当前"体教融合"状况持积极看法，35.0% 的篮协系统人士认为当前"体教融合"状况不好，15.3% 的篮协系统人士表示不清楚。根据专业机构卷调查结果，53.1% 的专业机构人士认为当前"体教融合"状况好，34.5% 的专业机构人士认为当前"体教融合"状况不好，12.4% 的专业机构人士表示不清楚。多数专业机构对"体

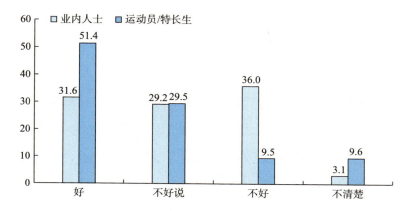

图7-6　业内人士及运动员/特长生对当前"体教融合"情况的看法

教融合"有一定了解，但超三成机构对当前"体教融合"的评价不高（见图7-7）。

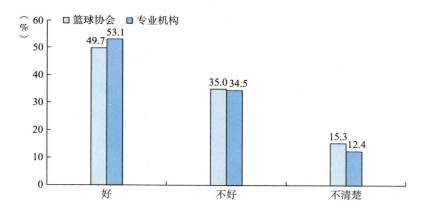

图7-7　篮球协会及专业机构对当前"体教融合"情况的看法

　　总体来看，对于当前"体教融合"的状况，业内人士的评价分歧最大，并且差评的比例略高于好评的比例。运动员/特长生作为最大受益群体，对"体教融合"仅有不到一成的调查对象认为不好，但是也有9.6%的运动员/特长生表示不清楚。

　　在促进"体教融合"发展的一系列具体举措方面，业内人士、篮球协会、运动员/特长生及专业机构都从不同的角度表达了各自的看法。综合来看，业内人士、篮球协会及运动员/特长生的看法较为相似，倾向于采取"体校定期举办周边地区的青少年篮球比赛和训练营等公益活动""退役篮球运动员经过一定培训担任学校篮球教练员"等举措。由此可以看出三者对青少年篮球教学、训练、比赛方面的关注度较高，符合当前"体教融合"改革对学校体育"学会、勤练、常赛"的要求；三者对篮球公益及退役运动员安置问题的关注度很高，对社会篮球和我国篮球事业的健康发展有较强的责任心。三类调查群体对"体育机构与学校联合培养运动员"及"体育机构帮助学校培训教练员"举措的选择也较为集中，尤其是运动员/特长生对这两项的支持率均在75.0%以上，在一定程度上反映出当前学校体育与外界合作不足。作为学校体育的直接参与者，运动员/特长生对此的需求比较迫切。三者对"普通中学和体校选手按照水平和年龄分组同台竞技"的支持程度均相对较低，其中业内人士和运动员/特长生对此项的支持率在50.0%左右；"培训机构与学校合作体育课服务"及"允许教练员合理利用资源开课外体育培训班并获得收入"在三者中得到的支持率也相对较低，涉及校外篮球机构及通过培训获取利益的措施不太容易得到三者共同的关注和支持（见表7-1、表7-2、表7-3）。

专业机构对促进"体校融合"发展的一系列举措的看法与业内人士、篮球协会及运动员/特长生的看法差异性相对较大（见表7-4）。综合来看，专业机构对"体育机构与学校联合培养运动员"、"体育机构帮助学校组织体育比赛"及"培训机构与学校合作

单位：%

表 7 - 1　业内人士对"体教融合"前景的期望情况（按同意比例高低排序）

	同意	比较同意	说不好	不大同意	不同意
体校定期举办周边地区的青少年篮球比赛和训练营等公益活动	80.6	16.8	1.9	0.3	0.5
退役篮球运动员经过一定培训担任学校篮球教练员	78.6	16.4	3.9	0.5	0.5
职业联赛通过 CUBA 球员选秀吸收高水平运动员	77.0	18.5	3.7	0.6	0.1
体育机构与学校联合培养运动员	76.6	17	4.5	1.2	0.8
体育机构帮助学校培训教练员	74.4	17.9	4.4	2.1	1.3
体育机构帮助学校组织体育比赛	72.1	19.7	4.5	2.3	1.4
体校向社会开放青少年体育培训服务和场馆租赁服务	69.2	21.8	5.6	2.2	1.2
教育部门和体育部门的比赛合二为一	67.1	17.8	8.7	3.6	2.8
允许教练员合理利用资源开展开课外体育培训班并获得收入	64.7	20.5	9	3.3	2.5
培训机构与学校合作体育课服务	61.4	22.8	8.1	4.5	3.3
普通中学和体校选手按照水平和年龄分组同台竞技	53.0	19.6	7.4	13.3	6.7

表7-2 篮球协会对"体教融合"前景的期望情况（按同意比例高低排序）

单位：%

	同意	比较同意	说不好	不大同意	不同意
退役篮球运动员经过一定培训担任学校篮球教练员	84.7	12.7	2.5	0.0	0.0
体校定期举办周边地区的青少年篮球比赛和训练营等公益活动	82.8	10.8	5.7	0.0	0.6
体育机构帮助学校培训教练员	82.8	10.2	4.5	1.9	0.6
体育机构与学校联合培养运动员	82.8	13.4	1.9	1.3	0.6
教育部门和体育部门的比赛合二为一	82.2	8.9	5.7	1.9	1.3
体育机构帮助学校组织体育比赛	81.5	12.1	5.1	0.6	0.6
体校向社会开放青少年体育培训服务和场馆租赁服务	77.7	13.4	7	0.6	1.3
职业联赛通过 CUBA 球员选拔吸收高水平运动员	76.4	16.6	6.4	0.6	0
培训机构与学校合作体育课服务	75.2	15.3	5.7	1.9	1.9
允许教练员合理利用资源开展课外体育培训班并获得收入	74.5	14.6	7.6	1.9	1.3
普通中学和体校选手按照水平和年龄分组同台竞技	74.5	10.8	3.2	7	4.5

表 7-3 运动员/特长生对"体教融合"前景的期望情况（按同意比例高低排序）

单位：%

	同意	比较同意	说不好	不大同意	不同意
体校定期举办周边地区的青少年篮球比赛和训练营等公益活动	78.1	16.5	4.6	0.3	0.5
体育机构帮助学校组织体育比赛	76.6	17.1	4.4	1.1	0.8
体育机构与学校联合培养运动员	75.2	18.4	5.6	0.5	0.3
体育机构帮助学校培训教练员	75.1	17.4	5.7	1.0	0.8
退役篮球运动员经过一定培训担任学校篮球教练员	74.6	18.4	5.8	0.6	0.6
职业联赛通过 CUBA 球员选吸收高水平运动员	73.9	17.5	6.9	1.5	0.2
教育部门和体育部门的比赛二合二为一	62	18.7	14.3	3.5	1.5
培训机构与学校合作体育课服务	61.7	22.5	9.9	3.1	2.8
体校向社会开放青少年体育培训服务和场馆租赁服务	61.5	20.7	11.6	3.7	2.5
允许教练员合理利用资源开课外体育培训班并获得收入	57.4	18.6	15.4	4.2	4.4
普通中学和体校选手按照水平和年龄分组同台竞技	56.7	19.5	12.7	7.5	3.6

表 7-4　专业机构对"体教融合"前景的期望情况（按同意比例高低排序）

单位：%

	同意	比较同意	说不好	不太同意	不同意
体育机构与学校联合培养运动员	89.1	8.1	1.9	0	0.8
体育机构帮助学校组织体育比赛	88.4	8.5	2.3	0.4	0.4
培训机构与学校合作体育课服务	87.6	9.7	1.6	0.8	0.4
退役篮球运动员经过一定培训担任学校篮球教练员	86.4	9.3	2.7	0.4	1.2
体育机构帮助学校培训教练员	85.7	10.5	2.7	0.8	0.4
职业联赛通过 CUBA 球员选秀吸收高水平运动员	85.3	10.5	1.9	0.8	1.6
体校定期举办周边地区的青少年篮球比赛和训练营等公益活动	83.7	10.1	2.7	1.2	2.3
教育部门和体育部门的比赛二合为一	81.4	10.1	4.7	1.2	2.7
体校向社会开放青少年体育培训服务和场馆租赁服务	79.5	9.3	5.8	1.9	3.5
允许教练员合理利用资源开放课外体育培训班并获得收入	72.9	12	6.2	4.3	4.7
普通中学和体校选手按照水平和年龄分组同台竞技	67.4	11.6	6.6	8.9	5.4

体育课服务"的支持率最高，可以看出专业机构对"体教融合"各项举措的看法更倾向于从自身经营的角度出发，并且与学校合作的意愿也比较强烈，在当前学校体育人才不足、学生需求得不到充分满足的背景下，专业机构通过与学校合作对学校体育的教学、训练和比赛进行专业指导可以实现双赢。专业机构对"退役篮球运动员经过一定培训担任学校篮球教练员""体育机构帮助学校培训教练员""职业联赛通过 CUBA 球员选秀吸收高水平运动员"的支持率也较高，均在85%以上。专业机构对运动员的生涯发展及就业安置问题也较为关注，相较于业内人士、篮球协会和运动员/特长生，专业机构在维护运动员权益和促进运动员长期发展方面更为积极。在"体校向社会开放青少年体育培训服务和场馆租赁服务"、"允许教练员合理利用资源开课外体育培训班并获得收入"、"普通中学和体校选手按照水平和年龄分组同台竞技"方面，专业机构的支持度相对较低，其中"普通中学和体校选手按照水平和年龄分组同台竞技"在四类调查人群中的支持率均比较低。

7.3.2 业内人士对促进体校改革的意见情况

接受专业/职业篮球训练可以为青少年提供更为专业的技术和战术指导，在促进青少年身心发展的同时为我国篮球人才的培养打下基础。当前家长和青少年在接受专业/职业篮球训练的渠道方面存在一定差异，家长更希望子女通过重点高校体育特长生（34.3%）、体校（32.4%）接受专业/职业篮球训练；青少年则更愿意接受体校（37.4%）和体育院校（28.9%）的专业/职业

篮球训练（见图7-8、图7-9）。对比来看，体校在家长和青少

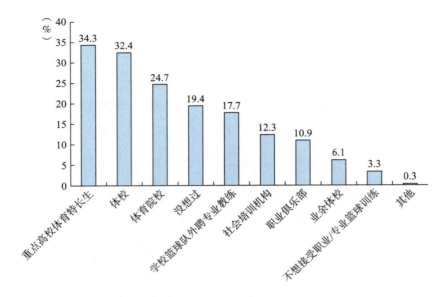

图7-8　家长希望子女接受专业/职业篮球训练的渠道（多选）

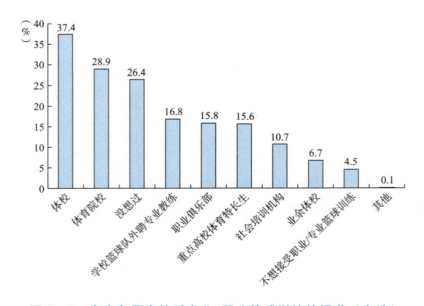

图7-9　青少年愿意接受专业/职业篮球训练的渠道（多选）

年中均得到了较高的认可度，而家长则更认可重点高校体育特长生渠道，希望子女可以得到全面发展。由此可见，体校在承担青少年专业/职业篮球训练方面将发挥重要作用，应通过"体教融合"若干政策弥补当前体校存在的文化教育不足问题。

根据业内人士卷调查结果，针对"如何促进体校的改革，使体校成为能够培养德智体美劳全面发展的社会体育接班人和竞技体育后备人才的基地"这一问题，80.6%的业内人士认为可以通过"体校的文化课学习，由教育部门负责文化课设置和师资的安排"来实现这一目标，73.1%的业内人士认为可以通过"给体校学生设计灵活的学分制度和考试制度"来实现这一目标，48.2%的业内人士认为可以通过"适当缩短目前体校的训练时间和强度，提高训练效率"来实现这一目标，41.3%的业内人士认为可以通过"为他们设计专门的文化课程，降低文化课难度"来实现这一目标，33.3%的业内人士认为可以通过"安排专门的老师给他们补课"来实现这一目标。总体来看，业内人士针对体校改革更关注特长生的文化课学习方面，其中对"由教育部门负责文化课设置和师资的安排"的支持态度最为明显；而在调整训练强度、补文化课和调整文化课程方面的支持度则较低。可见业内人士在体校改革方面更看重保持当前训练和文化课学习的平衡状态。

7.4　小结

在学校体育中，篮球运动已经有了较高的普及率和较大的影响力。学校篮球在一定程度上能获得青少年家庭的支持，家长对青少年在校参与篮球运动及学校篮球的开展情况比较了解，绝大多数家长支持青少年在校参与篮球运动。学校篮球在课程开展方面存在教学不够专业、篮球人才不足、篮球队与篮球社团发展不完善的问题。具体来看，37.1%的青少年认为学校篮球教学不够专业，19.0%的青少年认为学校篮球教学不能满足自身需要。学校篮球课程的开展不仅要考虑到青少年的年级、性别、技术水平等方面的差异以及提升教学专业性，还要关注教学形式及青少年的兴趣。传统的教学方式往往只注重教学和练习而忽视比赛，难以满足不同学生的需要。

绝大多数青少年在中小学学龄期间首次接触篮球运动，学校篮球队是青少年提高篮球技术的主要渠道，但是当前中小学学校体育教师兼任篮球教练员的现象普遍，这反映出中小学学校篮球教练不足的问题。当前中小学学校篮球队和篮球社团的建设和组织力度不够，其激发篮球兴趣、培养篮球运动习惯等作用还未充分发挥出来。基于此，中小学应加大引进篮球专业人才的力度，加强学校与校外篮球机构组织的合作，提高篮球教学专业性；要依据青少年需求对篮球课程进行相应调整，将"学会、勤练、常赛"要求融入篮球课程、学校篮球队和篮球社团中，重视学校篮球队和篮球社团的建设和发展。

高校篮球运动开展在课程、赛事等方面存在不足。篮球课程在高校的普及程度较高，但还有一定比例的大学生表示在选修篮球课程时存在困难。CUBA 联赛在大学生群体中的影响力还不够强，仅有 18.5%的大学生明确自己所在高校有 CUBA 球队。在高校高水平篮球运动队发展的因素上，业内人士认为学校领导不重视和资金投入不足是最主要的两个因素。对此，高校应对篮球给予充分重视，适当加大资金投入，积极组织、参与各级篮球赛事，确保场地、器材满足学生需求，让学生在参与篮球运动中实现身心健康发展，为建立高校高水平篮球运动队提供条件。

在"体教融合"方面，总体来看，如何实现校园篮球领域的"体教融合"尚未形成普遍共识，不同主体对"体教融合"的评价角度不同，其中业内人士对"体教融合"的前景表示质疑。在对"体教融合"具体措施的看法上，业内人士、篮球协会、运动员/特长生及专业机构对"退役篮球运动员经过一定培训担任学校篮球教练员"的支持率均比较高，对"普通中学和体校选手按照水平和年龄分组同台竞技"的支持率则比较低。从专业角度来看，在未来"体教融合"改革实施的过程中，要把握好运动员生涯发展及就业安置问题，同时要避免不符合竞技发展规律的举措；运动员/特长生作为"体教融合"受益的最大群体，更加关注运动员训练及赛事问题，而专业机构则更加关注与自身经营相关的措施，表现出较强的与学校合作的意愿。"体教融合"各类相关政策要做好顶层设计，协调好各方主体的利益。作为承担青少年专业/职业篮球训练的主要渠道之一，体校在文化课教育方面与普通学校存在一定差距，体校改革尤其是文化课教育方面的改革应作为"体教融合"内容重要的一部分。根据业内人士意见，体校不适宜在课程内容方面做差异化处理，而应该在学分、考试制度方面进行灵活调整，保持青少年高质量训练和文化学习的平衡。

第8章
篮球消费与篮球培训市场

国家统计局、国家体育总局联合发布的《2019年全国体育产业总规模与增加值数据公告》显示,2019年全国体育产业总规模(总产出)为29483亿元,增加值为11248亿元。其中,体育用品及相关产品销售、出租与贸易代理规模最大,增加值为2562亿元,占全部体育产业增加值的比例为22.8%。[1]篮球产业是体育产业的重要组成部分,其核心是围绕篮球活动所形成的一系列生产和消费行为。其中,篮球赛事是篮球产业链中的重要环节,具有强大的影响力和商业价值。尼尔森2020年体育消费调查分析显示,用户关注的体育赛事项目中,篮球和足球最受欢迎,渗透率分别为60%和55%,这意味着超过半数的体育人群经常观看篮球和足球赛事,关注篮球赛事的人群略高于关注足球赛事的人群。[2] 以美国男子篮球职业联盟(NBA)等为代表的商业组织已经将篮球产业

---

① 《2019年全国体育产业总规模与增加值数据公告》,http://www.stats.gov.cn/tjsj/zxfb/202012/t20201231_1811943.html,国家统计局,最后访问日期:2021年5月29日。

② 《〈2020中国体育价值报告〉发布,数据显示体育产业转型进行时》,http://finance.sina.com.cn/roll/2021-05-27/doc-ikmyaawc7911953.shtml,新浪财经,最后访问日期:2021年6月3日。

开发到较高的程度，NBA 作为世界上第一大篮球联赛，它的造星能力和市场价值也是篮球联赛中的最高水平。

目前我国篮球产业呈现出以篮球竞赛表演为核心、篮球用品制造业为支柱、篮球赛事转播为外围的局面。但篮球消费的布局不甚合理，以篮球鞋、篮球服饰、篮球器械与球迷产品为主的篮球体育用品消费占据主导地位，而作为核心的篮球赛事消费以及篮球赛事转播消费的比例不足。

2020 年，新冠肺炎疫情使全球篮球产业和篮球赛事受到了巨大影响。但篮球培训市场异军突起，引人关注。2020 年发布的《关于深化体教融合　促进青少年健康发展的意见》强调，体教融合不再局限于竞技体育人才培养，而是着眼于在新的历史阶段肩负起完善学校体育、推动素质教育、为国家培养全面发展的人才后备军的重要使命。面对传统体校"重竞技训练轻文化学习"的方式以及学校体育无法满足学生多元化体育需求的问题，市场化的体育培训机构应运而生，它们以丰富多彩的体育培训产品满足不同年龄阶段、运动技术水平、性别、性格特点的青少年群体的体育需求。

就篮球运动领域而言，随着我国民众对素质教育以及性格养成教育的重视，全国各地各种风格的篮球培训机构应运而生。它们不仅开展了青少年篮球技术培训、篮球赛事组织、课程设计等方面的工作，也逐渐将培训重心调整到通过篮球运动锤炼青少年人格的教育中。应该看到，篮球培训市场的兴起和发展满足了青少年对篮球参与的专业化指导、体验较好的场地设施以及参与篮球赛事等的多元化需求，特别是对家庭篮球、学校篮球、社区篮球的补充和完善具有积极意义，但在实践过程中仍存在诸多问题，如安全隐患、师资流动频繁、实际培训效果与宣传效果不符合等。

本章主要聚焦篮球消费和篮球培训市场，对篮球消费支出、篮球综艺节目偏好、篮球球迷消费、篮球培训参与情况与评价、校企篮球课程与培训合作情况、篮球培训机构运营现状等问题进行调查分析，希望能为促进篮球消费、篮球培训市场的进一步开发、篮球产业的健康发展提供建议。

8.1　篮球消费支出情况

本次调查涉及篮球消费支出情况的题项包括篮球相关支出消费情况与消费类型分布、观看篮球综艺节目的偏好情况、购买球队或明星相关商品的偏好情况等。

根据公众卷、青少年卷、运动员/特长生卷调查结果，近一年来51.3%的公众在篮球上没有支出，46.1%的青少年在篮球上没有支出。近一年来仅有3.7%的运动员/特长生在篮球上没有支出。由此可见，篮球消费在公众和青少年中仍有开发的空间，而运动员/特长生在篮球消费上具有较强的消费能力。

具体来看，11.9%的公众和9.8%的青少年产生了观看体育比赛开销，而运动员/特长生的该项比例为33.5%。3.0%的公众有参加体育赛事开销（如报名费），青少年的该项比例为3.3%。相比之下，运动员/特长生的该项比例高达20.3%。27.0%的公众近一年来产生了购买篮球装备支出，如服饰、球鞋，青少年的该项比

例为34.2%，而运动员/特长生的该项比例高达91.0%（见图8 -
1）。整体来看，运动员/特长生在篮球方面的支出远远高于公众和
青少年，这与运动员/特长生的职业特殊性以及运动背景有关。

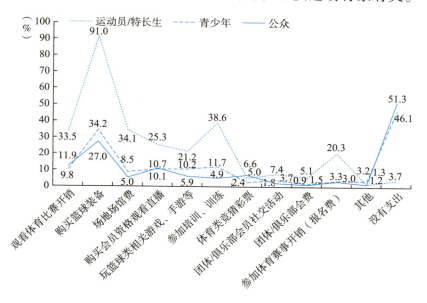

**图8-1 公众、青少年和运动员/特长生近一年来篮球相关
支出的消费类型分布（多选）**

调查结果显示，近一年来，公众、青少年和运动员/特长生的
实物型篮球消费（如购买篮球装备）在篮球消费支出中占了很大
比例。比较而言，观赏型篮球消费（如观看体育比赛开销）、信息
型篮球消费（如购买会员资格观看直播）、参与型篮球消费（如场
地场馆费，参加培训、训练，参加体育赛事的开销等）支出的比
例较小。这在一定程度上受疫情的影响，因为近一年来现场观赛、
参赛等消费支出受到限制，篮球服装鞋帽类消费作为篮球消费行
为的主要支出更加突出，消费者更倾向于进行篮球运动相关的实

物消费。

就公众和青少年购买球队/明星相关商品的偏好情况来看，25.1%的公众更倾向于购买球队/明星相关商品，74.9%的公众对购买球队/明星相关商品没有偏好。相较于公众，29.1%的青少年更倾向于购买球队/明星相关商品，70.9%的青少年对购买球队/明星相关商品没有偏好，青少年倾向于购买球队/明星相关商品的比例仅比公众高出4个百分点（见图8-2）。由此可见，虽然球队/明星相关商品对青少年的吸引力略大于对公众的吸引力，但整体吸引力不足。

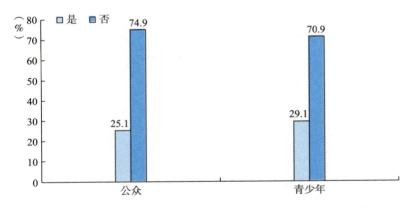

图8-2　公众和青少年购买球队/明星相关商品的偏好情况

另外，对公众和青少年观看篮球综艺节目的情况进行调查，结果显示，观看篮球综艺节目的公众和青少年分别有48.7%和39.2%（见图8-3）。篮球综艺节目对促进公众了解篮球有较大的帮助，青少年观看篮球综艺节目的比例较低与其课余时间较少有一定关系。受疫情影响，人们直接参与篮球运动的行为受到限制，观看篮球综艺节目成为人们间接参与篮球运动的方式之一。

近年来，在体育赛事的推动及国家政策的支持下，体育产业

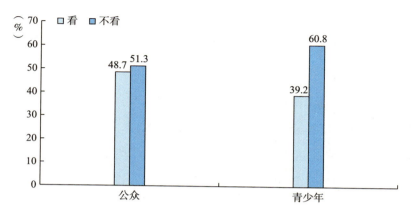

图 8 - 3　公众和青少年观看篮球综艺节目的情况

与娱乐产业不断融合，体育节目尝试以"体育＋综艺"的形式，融合竞技、偶像、娱乐等多种元素，推出体育类真人秀节目。篮球综艺节目如雨后春笋般出现，如《这！就是灌篮》《超级企鹅联盟 Super 3：星斗场》等篮球类体育综艺大放异彩，更广泛地融入和渗透国民生活，使更多人参与篮球运动，塑造了一批又一批受大众喜爱的篮球运动员。偶像的加盟可以在很大程度上提高节目的收视率。而对体育类综艺节目而言，偶像引发的明星效应还可以间接促进受众圈层的融合，进而达到培养年轻球迷、增加球迷黏度的目的。

公众卷和青少年卷调查结果显示，公众中分别有 58.7% 、47.2% 、27.9% 和 14.0% 的比例看过《这！就是灌篮》、《我要打篮球》、《篮板青春》和《超级企鹅联盟 Super 3：星斗场》，在青少年中的比例分别是 70.2% 、43.9% 、22.9% 和 13.1% （见图 8 - 4）。相比较而言，《这！就是灌篮》和《我要打篮球》的影响更大。

在近一年有篮球消费支出的人群中，花费在 1000 元及以下的

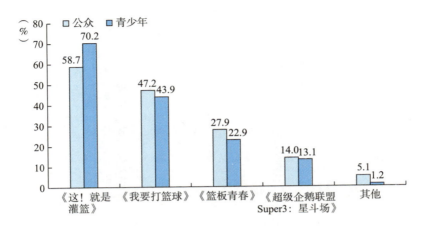

图 8 - 4　公众和青少年观看篮球综艺节目的分布情况（多选）

公众占 68.2%，青少年占 63.7%，而运动员/特长生仅占 20.4%；篮球相关支出在 1001 ~ 3000 元的公众占 17.2%，青少年占 19.6%，运动员/特长生占 24.9%；篮球相关支出在 3000 元以上的公众占 14.6%，青少年占 16.7%，而运动员/特长生的比例高达 54.6%（见图 8 - 5）。这说明篮球消费有很大的潜力。与公众和青少年相

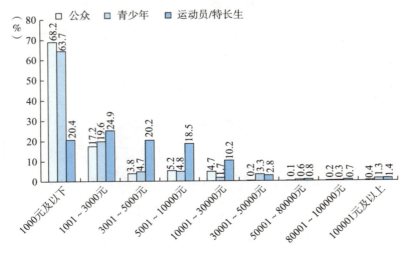

图 8 - 5　公众、青少年和运动员/特长生篮球相关消费支出情况

比，运动员/特长生在篮球领域的消费能力较强，这与运动员/特长生的职业需求和运动习惯具有相关性。

8.2 篮球培训参与情况及评价

篮球运动属于我国开展较早、普及度和市场化程度相对较高的项目。我国篮球职业化发展的二十多年来，各地纷纷成立了篮球协会、篮球俱乐部等社会团体和社会组织，参与篮球运动的群体逐渐扩大，篮球运动在我国进入了蓬勃发展时期。在中国篮球协会大力推广的"小篮球，大梦想"计划的影响下，我国青少年篮球培训市场不断发展壮大，各个地区的青少年培训机构积极涌现，呈现出良好的发展势头。

8.2.1 青少年参加篮球培训情况

根据公众卷调查结果，在有子女且满足特定年龄的家长中，24.6%的家长表示子女参加了篮球培训机构的培训。从青少年卷（调查对象为小学 5 年级及以上人群）来看，38.3%的青少年表示参加了篮球培训机构的培训。

从调查结果来看，篮球培训机构的培训内容较为多样，常规课、集训课、参加比赛是其主要内容。常规课是篮球培训的基础课程，分别有80.0%的家长和73.3%的青少年表示篮球培训内容包括常规课。在对有子女参与篮球培训的家长和参与篮球培训的青少年的调查中，49.1%的家长和63.3%的青少年表示参与了篮球比赛；集训课也是篮球培训的重要形式，分别有 58.9%的家长和

59.5%的青少年表示篮球培训内容包括集训课；9.5%的家长和1.7%的青少年表示篮球培训内容包括其他方面。另外，1.3%的家长和1.9%的青少年表示篮球培训内容还包括海外营（见图8-6）。

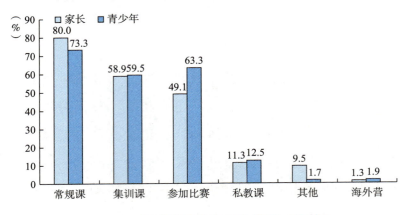

图8-6 篮球培训内容对比情况（多选）

根据青少年卷调查结果，在青少年对校外培训老师和校内体育老师教学专业水平评价中，49.1%的青少年认为校外培训老师的专业水平更高，30.3%的青少年认为二者的专业水平差不多，17.6%的青少年表示不清楚。调查结果发现，青少年对校外培训老师的专业认可度更高，从侧面反映出校内体育老师的专业水平亟待提升。

根据公众卷调查结果，在对篮球培训机构专业水平评价中，对于子女参与篮球培训的家长来说，55.2%的家长认为正在接受培训的篮球培训机构专业水平高，22.6%的人表示说不好，20.4%的人认为篮球培训机构专业水平不高，1.8%的人表示不知道。根据青少年卷调查结果，53.3%的青少年认为篮球培训机构专业水平高，34.8%的青少年表示说不好，仅有5.8%的青少年认为篮球培训机构专业水平不高（见图8-7）。由此可以看出，超半数人群都比较认可篮球培训机构的专业水平，愿意投入时间和金钱，篮球培训机构应继续保持并努力进一步提高其专业水平。

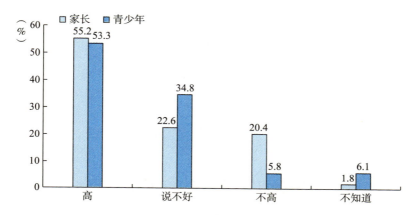

图 8 – 7　家长和青少年对篮球培训机构专业水平评价情况

对于愿意在校内参加体育培训还是在校外参加体育培训的问题，根据青少年卷调查结果，33.0%的青少年更倾向于在校内参加体育培训，26.5%的青少年更愿意在校内、校外同时参加体育培训，28.8%的青少年表示没想过/不清楚，仅9.1%的青少年愿意在校外参加体育培训，2.5%的青少年表示校内校外都不愿意。可见，虽然有很多青少年认为校外篮球培训机构老师的专业水平高，但大部分人更愿意在校内参加体育培训。这主要有两个方面的原因：一是青少年在校内参加体育培训可以加强同学间在生活、学习等各方面的交流，满足青少年旺盛的社交需求；二是在校内参加体育培训不仅可以节约时间成本和经济成本，还可以降低体育参与风险，减少父母的担忧。青少年参加培训的意愿受到支付能力等现实因素的制约。

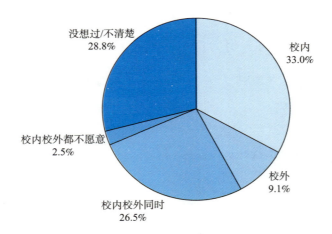

图 8 – 8 青少年参加校内外培训的意愿情况

8.2.2 公众子女、青少年和运动员/特长生篮球培训支出情况

随着体育政策红利的释放，特别是"双减"政策的影响，公众普遍意识到体育参与在青少年健康成长中的重要作用，家长越来越重视在孩子的素质教育上增加投入。尽管各地青少年篮球培训市场的发展存在一定程度的差异，但我国篮球培训市场总体呈现稳步发展的态势。

根据公众卷调查结果，在有打篮球的适龄子女且参加篮球培训的家庭中，家长每年给子女支出的篮球培训费，众数为 1001 ~ 3000 元，占 37.7%；其次为 5001 ~ 10000 元，占 21.4%；每年篮球培训费在 1000 元及以下的占 19.8%；每年篮球培训费在 10000 元以上的占 12.6%。

根据青少年卷调查结果，在青少年打篮球且参加篮球培训的家庭中，23.4% 的青少年表示每年篮球培训支出在 1001 ~ 3000 元，18.2% 的青少年表示每年篮球培训支出在 1000 元及以下，15.9%

的青少年表示每年篮球培训支出在 3001～5000 元（见图 8-9）。总体上看，每年篮球培训费支出在 5000 元以下的青少年累计占 57.5%，另有 22.6% 的青少年表示不清楚支出情况。从公众卷和青少年卷调查结果可以看到，公众和青少年每年篮球培训费用支出的分布呈现一定的一致性。

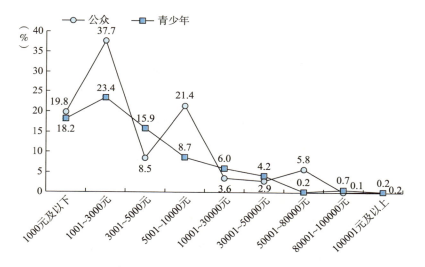

图 8-9　公众和青少年每年篮球培训费支出对比

从运动员/特长生卷的调查结果来看，在参加社会机构篮球培训的样本中，运动员/特长生的比例最高。18.1% 的运动员/特长生每年篮球培训费在 1000 元及以下；16.1% 的运动员/特长生每年篮球培训费在 1001～2000 元；21.4% 的运动员/特长生每年篮球培训费在 2001～4000 元；每年篮球培训费高于 10000 元的运动员/特长生比例为 17.7%（见图 8-10）。由此可以看出，运动员/特长生的篮球培训费开支较大，与接受培训的机构专业性强有一定关系。

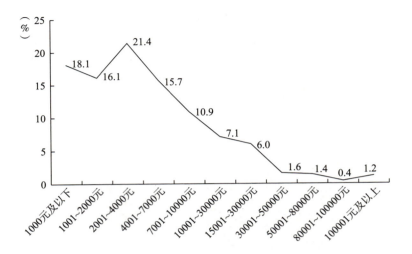

图 8 - 10 运动员/特长生每年篮球培训费支出情况

8.2.3 培训机构提供篮球培训的目的

根据专业机构调查结果，从机构自身的反映看，培训机构提供篮球培训的首要目的是"教会团队协作意识"（94.2%），其他依次为"教会集体荣誉重要性"（91.9%）、"锻炼学员个人性格"（89.9%）、"提高学员的身体机能"（88.4%）、"提高学员篮球水平"（84.9%）、"促进学员个性发展"（82.2%）、"输送高水平的职业球员"（57.0%）和"鼓励学员走专业化的道路"（40.3%）（见图 8 - 11）。也就是说，大部分篮球培训机构认为性格的养成比功利的取向更重要，输送篮球人才并不是优先考虑的因素。这从侧面反映出培训机构不仅仅是传授篮球运动技术，而是要满足市场对素质教育的需求，以篮球培训为教育手段，实现青少年全面发展的目标，突出人格培养在教育过程中的重要性。

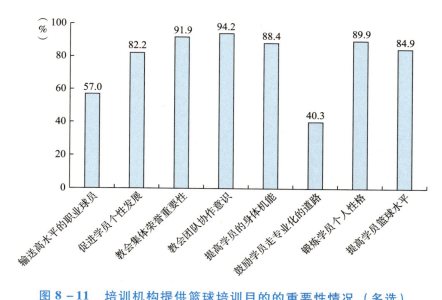

图 8 - 11　培训机构提供篮球培训目的的重要性情况（多选）

8.3　校企篮球课程与培训合作情况

8.3.1　篮球培训机构与学校建立合作关系情况

根据专业机构卷调查结果，所有篮球培训机构都有与学校建立合作关系的强烈意愿，但是在现实情况中，合作的意愿并不能完全实现。从本次调查来看，有76.0%的篮球培训机构为学校提供了篮球培训服务，65.9%的篮球培训机构与学校建立了合作关系。

在未能与中小学学校建立合作关系的篮球培训机构中，有42.9%的表示未找到合适机会，32.4%的表示体制不允许，23.5%的认为缺乏公共竞争平台，还有少部分机构因未满足学校要求的条件、合作有风险、家长反对等原因而未能与学校建立合作关系（见图 8 - 12）。

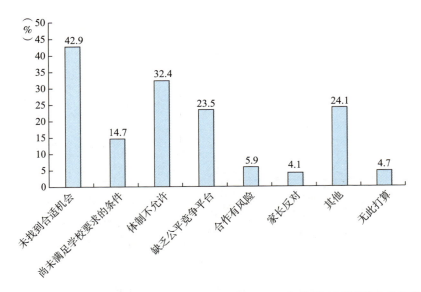

图 8 – 12　篮球培训机构未能与中小学学校建立合作关系的原因（多选）

8.3.2　学校与篮球培训机构建立合作关系情况

相比于一般青少年群体，运动员/特长生群体对篮球培训的专业性有更高要求。从运动员/特长生卷调查结果来看，33.7%的运动员/特长生表示所在学校与篮球培训机构有合作，22.6%的运动员/特长生表示没有合作，43.7%的运动员/特长生表示不知道所在学校是否与篮球培训机构有合作。

在有合作的情况中，55.4%的运动员/特长生所在学校通过请教练来校内进行篮球培训的方式进行合作，55.8%的运动员/特长生所在学校通过组建校队打比赛的方式合作，37.4%的运动员/特长生所在学校通过去篮球机构训练的方式合作，选择国内外训练营、篮球私教课程及其他方式的学校很少（见图 8 – 13）。这说明在学校与社会篮球培训机构合作方面，学校占据主导地位。出于经费及文化课程等方面的考虑，学校与国内外篮球训练营、篮球私教课程等机构的合作较少。

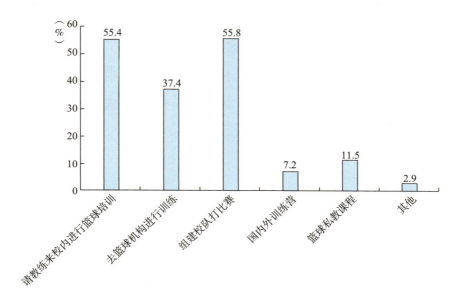

图 8 - 13　学校与篮球培训机构的合作内容（多选）

8.4　篮球培训机构运营现状与存在的问题

8.4.1　篮球培训机构的运营情况

根据专业机构卷调查结果，篮球培训机构的注册资产均值为211.6 万元，最大值为 4338 万元。篮球培训机构的正式和兼职员工总体均值是 28 人，篮球培训机构平均场地总面积为 3066 平方米，各篮球培训机构目前在培人员均值为 570 人，每年大概培训均值为 976 人。

对篮球俱乐部会费的调查数据显示，53.5% 的篮球俱乐部收取会费，而且篮球俱乐部的盈利部分来自会费，46.5%的篮球俱乐部不收取会费。79.1%的篮球俱乐部目前没有广告、赞助或代言收入，仅有20.9%的篮球俱乐部目前有广告、赞助或代言收入，这表明篮球俱乐部的商业化程度不足。

从机构运营模式调查结果来看，目前86.0%的篮球培训机构是直营制，采用加盟制、平台型以及其他运营模式的篮球培训机构分别占3.1%、6.2%和4.7%（见图8－14）。

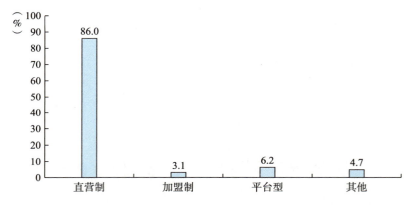

图 8－14　篮球培训机构的运营模式

在人力资源方面，篮球培训机构的篮球运动员人数均值为61人，运动健将人数均值为2人，一级、二级和三级运动员人数均值分别为3人、6人和4人，篮球教练员人数均值为12人，裁判员人数均值为5人，职业级、A级、B级、C级、D级、E级裁判数均值总数为6人。由此可见，目前我国篮球培训机构的高水平运动员、教练员、裁判员人数少，整体师资队伍规模有待扩大。

调查结果显示，分别有84.1%、72.5%、70.9%的篮球培训机构表示存在的困难主要体现在"拉赞助"、"资金投入"和"与政府部门关系"三个方面。超六成篮球培训机构存在"招聘教练困难"、"与学校关系不好"、"招生困难"、"宣传推广困难"、"权利维护困难"、"竞赛渠道不规范"和"篮球场地租赁困难"等问题。此外，58.1%的篮球培训机构存在"经营管理经验不足"问题，46.1%的篮球培训机构存在"训练标准不统一"问题（见图8-15）。

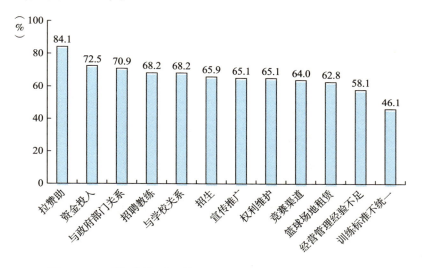

图 8 - 15 篮球培训机构运营存在困难的情况（多选）

8.4.2 篮球培训机构从事篮球相关业务的情况

根据专业机构卷调查结果，青少年篮球培训、赛事组织以及场馆租赁等是篮球培训机构的主要业务，多元化经营的特点十分明显。具体来看，篮球培训机构中有93.0%从事青少年篮球培训，73.6%从事赛事组织，41.1%从事场馆租赁经营，36.4%从事体育用品售卖，36.0%从事竞技体育后备人才培训，27.5%从事教练培训，16.3%从事裁判培训，14.3%从事政府/学校采购，10.5%从事商业赞助，8.5%从事主题游学，7.8%从事大数据采集与分析，

5.8%从事球员经纪，5.8%从事无形资产经营与开发，5.8%从事职业规划与辅导，3.9%从事其他篮球业务（见图8－16）。

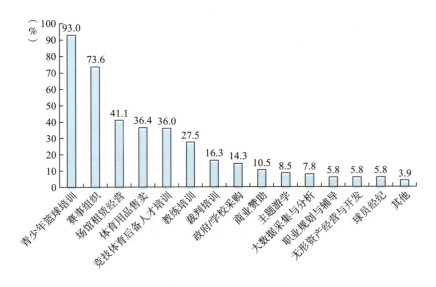

图8－16　篮球培训机构从事篮球相关业务的情况（多选）

在所调查的体育产业和相关行业机构中，有71.4%从事赛事组织/体育竞赛表演，51.4%从事体育培训与教育，42.9%从事体育场馆租赁经营服务，42.9%从事体育用品销售/贸易，31.4%从事体育管理活动，22.9%从事体育传媒/转播，22.9%从事体育文创/会展，17.1%从事球员经纪/体育中介服务，17.1%从事体育场地设施建设，14.3%从事体育规划咨询/职业规划与辅导，14.3%从事体育大数据采集与分析，11.4%从事体育用品生产，11.4%从事体育新媒体平台，11.4%从事体育健康/旅游服务，8.6%从事体育信息服务，5.7%从事体育科技与知识产权服务，2.9%从事其他篮球、体育相关业务（见图8－17）。由此来看，赛事组织/体育竞赛表演、体育培训与教育等是体育产业相关行业机构的主要业务，多元化经营的特点十分明显。

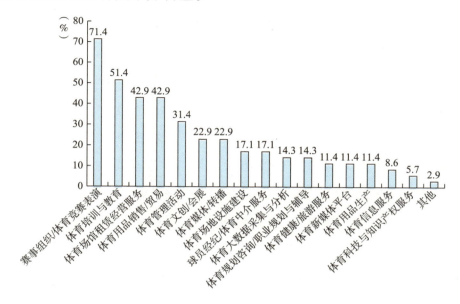

图8－17　体育产业和相关行业机构从事篮球、
体育相关业务的情况（多选）

8.4.3　全国篮球培训市场规模估算

随着人们体育服务性消费需求的不断增加，青少年体育培训市场成为体育产业中发展速度较快的领域。根据国家统计局发布的数据，2018年全国体育产业总规模达26579亿元，占国内生产总值的1.1%。其中体育服务业增加值为6530亿元，保持了良好的增长势头。[①] 尽管新冠肺炎疫情严重影响了篮球培训机构的日常运营，但是体育教育需求和体育产业"复工复产"的利好政策，

---

① 《2018年全国体育产业总规模26579亿》，http：//www. sports. cn/sj/DE/2020/0120/309545. html，华奥星空，最后访问日期：2021年5月30日。

对篮球培训市场的恢复起到了很大的促进作用。

　　根据公众卷篮球培训费用支出的调查结果，针对有 6～17 岁青少年的家庭，并忽略子女处于该年龄段之外的情况，分别计算各个档次的组中值，然后根据频率分布进行加权求和，估计出参与篮球培训家庭子女每年花费平均在 8838 元的水平（见表 8－1）。从公众卷调查结果来看，全国 18～65 岁人口中约有 3.6% 的家庭子女产生过篮球培训方面的支出。根据第六次全国人口普查结果，全国家庭户有 401517330 户。因此，推算全国大致有 14474702 户有篮球培训方面的支出。根据平均支出水平和总家庭规模两个数值匡算，目前我国篮球培训每年费用约为 1279 亿元的规模水平。这与部分业内机构的预计和估算基本吻合。[①]

表 8－1　公众子女参加篮球培训费用支出情况

单位：%

	频次	频率	累计频率	组中值	频率×组中值
1000 元及以下	63	19.8	19.8	500	99
1001～3000 元	121	37.7	57.5	2000	754
3001～5000 元	27	8.5	66	4000	340
5001～10000 元	69	21.4	87.4	7500	1605
10001～30000 元	12	3.6	91	20000	720

---

① 网易体育和清华大学体育产业发展研究中心联合发布的《星火指南——全国青少年体育培训机构调研报告》（2018 年）估计青少年篮球培训具备千亿级水准，搜狐网，https：//www.sohu.com/a/290984875_114731，最后访问日期：2021 年 5 月 29 日。东方启明靳星 2018 年预测，三年之内，篮球教育市场能达到千亿级别，https：//www.sohu.com/a/228386324_250147，搜狐网，最后访问日期：2021 年 5 月 29 日。

续表

	频次	频率	累计频率	组中值	频率×组中值
30001~50000 元	9	2.9	93.9	40000	1160
50001~80000 元	19	5.8	99.7	65000	3770
80001~100000 元	0	0.1	99.8	90000	90
100001 元及以上	1	0.2	100	150000	300
总计	320	100			8838

8.5　小结

近年来，国内篮球产业快速发展，篮球运动相关产品数量和质量都在快速提升，民众篮球消费需求成为促进篮球产业健康发展的新动力。但是新冠肺炎疫情给篮球产业带来了巨大冲击，本研究对近一年来篮球方面支出行为的调查显示，51.3%的公众和46.1%的青少年没有产生支出行为，1000 元及以下支出的比例分别为68.2%和63.7%。不仅整体篮球消费支出较少，而且在有限的支出中，27.0%的公众和34.2%的青少年用来购买篮球装备（服装、球鞋等），而篮球服装消费与日常服装消费具有较高的重合性。在疫情的特殊环境下，现场观赛、参赛等消费支出受到限制，篮球服装、鞋帽类消费成为近一年来篮球消费行为的主要支出。

需要注意的是，近一年来仍有11.9%的公众和9.8%的青少年有观看篮球比赛方面的支出，包括购买门票、交通费、住宿费等。10.7%的公众和10.1%的青少年有通过在 APP 购买会员来观看直播方面的支出；3.3%的公众和3.0%的青少年产生了体育赛事报名费方面的支出。另外，有5.0%的公众和8.5%的青少年有支付场地场馆费方面的支出。因此，尽管目前我国公众篮球消费结构出现不平衡状态，但随着体育竞赛表演业逐渐恢复常态，篮球消费结构也会出现较大变化，并可以通过打通虚拟空间与现实空间等手段进一步引导和刺激公众产生篮球核心消费支出。

疫情防控常态化以来，随着我国的体育产业逐步复苏，篮球产业和篮球消费情况将会得到好转，并有望调整篮球产业结构，如篮球赛事消费比例较低，而篮球用品和服饰消费比例较大等问题。随着篮球产业与娱乐产业的不断融合，篮球节目出现了"篮球＋综艺"的表现形式，《这！就是灌篮》《超级企鹅联盟Super3：星斗场》等篮球类综艺节目已为大众普遍接受。

从观看篮球综艺节目的情况来看，有48.7%的公众和39.2%的青少年观看过篮球综艺节目。受疫情影响，人们参与篮球运动的方式受到限制，观看篮球综艺节目成为人们参与篮球运动的一种方式。从购买球队/明星相关产品的情况来看，不足三成公众和青少年会选择跟风购买球队/明星相关产品，球队/明星相关商品对公众和青少年进行篮球消费的拉动力不足。通过篮球综艺节目塑造篮球偶像、篮球明星的模范形象，提高球队和明星在公众和青少年中的影响力，可能成为篮球消费新的增长点。

从支出的角度讲，篮球培训是篮球消费的一个重要组成部分。青少年是篮球培训市场的需求主体，家长和青少年对篮球培训的需求正在逐渐增长，并呈现出多元化特点。虽然多数青少年和家长认为校外篮球培训机构老师的专业水平高，但大部分青少年更愿意在校内参加体育培训，因此校企合作或成为篮球培训市场发展的路径之一。从供给主体来看，篮球培训机构不仅仅是传授篮球运动技术，而是以篮球培训为教育手段，实现青少年全面发展的目标，突出人格培养在篮球教学过程中的意义。从校企合作角度看，篮球培训机构与学校合作的意愿较为强烈，但是现实中由于各种因素并未完全得到满足。

整体来看，部分篮球培训机构已形成多元化经营模式的综合体。青少年篮球培训（93.0%）、赛事组织（73.6%）是篮球培训机构的主要业务类型，此外还包括场馆租赁经营、体育用品售卖、竞技体育后备人才培训、教练员和裁判员培训、篮球游学营等，涉及培训、竞赛、商务、经纪等多元业务，形成了篮球培训领域独特的核心产业链。虽然目前篮球培训机构面临着吸引赞助、运营投入、维持政府部门和学校关系等方面的困难，但是篮球培训机构的整体发展情况较好。篮球培训机构应把握住教育培训刚需和体育产业利好的环境，做好机构教练员的培训，将引进高水平教练和内部培养教练员相结合，建立起符合自身需要的教学标准。篮球培训机构应不断强化自身的专业化教学能力和机构运营能力，做好培训课程和培训标准的规范化，在提供规范化培训服务的同时，针对不同水平的青少年提供个性化篮球培训服务，增强学校和公众的信任。此外，篮球培训机构应制订长远发展计划，结合篮球培训行业的现状和特殊性，拓宽篮球培训的业务种类，成为青少年篮球水平提升和培养篮球后备人才的重要主体，促进篮球培训市场的健康发展。

第9章
篮球赛事与篮球公益事业发展情况

　　体育赛事作为体育活动中的核心表现形式，应社会的体育需求而生，继而规模逐渐扩大，层级逐渐增加。[①] 经济发展和社会进步推动着人们需求的进一步升级，人们对体育赛事的需求攀升让体育赛事在跨界联系、聚集资源、整合组织、推动体育发展方面的功能越来越突出。篮球赛事在篮球项目发展中起着骨干支撑作用，《"十四五"体育发展规划》提出"建立体系完整、布局合理、积分认证、监管有序的篮球赛事体系，完成中国男子篮球职业联赛（CBA）品牌升级，提升中国女子篮球联赛（WCBA）、全国男子篮球联赛（NBL）、中国业余篮球公开赛（CBO）、小篮球联赛等赛事水平，培育三人篮球赛事品牌，力争省级篮球联赛在现有 14 个的基础上翻一番"。各等级的赛事都有其独特的功能，如国家队赛事能加强民族凝聚力和自豪感，职业联赛促进篮球产业的发展，学校比赛等培养青少年篮球爱好者、选拔篮球运动后备人才，群众篮球赛事能满足民众的篮球参与需要、培养和维系更广泛的篮球人口，促进集体性社会资本构建。尽管各等级篮球赛事发挥的作用

[①] 杨桦、任海：《我国体育发展新视野：整体思维下的跨界整合》，《北京体育大学学报》2014 年第 1 期。

和价值各有不同，但它们都具有其他社会活动所无法取代的功能。

篮球赛事也是篮球公益事业的组成部分之一。篮球公益事业是以篮球运动项目为核心的体育公益事业，或者说是以篮球运动项目为依托发展起来的体育公益事业。近年来，中国篮球协会致力于发展篮球公益事业，特别是以"小篮球"系列的公益项目活动在如火如荼地进行，以"篮球同心圆"为主题的篮球公益活动也在中国篮球协会的主导及地方篮球协会的执行下在全国多地开展起来。中国篮球协会携手 CBA 联赛（公司）发起"投篮公益挑战赛"，在一定程度上推动了我国篮球赛事与篮球公益事业的发展进程。

本章主要聚焦我国篮球赛事与篮球公益事业两大主题，基于相关调查数据及现实情况，对以协会为主体的篮球活动举办与参与情况、篮球赛事的关注与评价情况以及篮球公益事业的发展与评价情况进行分析，进而获得我国篮球赛事与篮球公益事业发展的大体图景，为我国篮球事业未来的发展提供参考。

9.1 篮球活动的举办与参与情况

我国目前的篮球赛事主要有中国男子篮球职业联赛（CBA）、中国女子篮球职业联赛（WCBA）、全国男子篮球联赛（NBL）、全国运动会篮球项目赛事、全国青年运动会篮球项目赛事、中国三人篮球赛事、中国青少年篮球赛事（U 系列赛事）及中国小篮球联赛，除此之外还有全国青年篮球联赛、中国业余篮球公开赛（CBO）、中国大学生篮球联赛（CUBA）以及多元丰富的社会篮球赛事等。由此可见，我国的篮球赛事体系主要由职业赛事、学校赛事与社会赛事三部分构成。目前，中国篮球协会是我国篮球赛事体系中职业赛事和部分社会赛事的主办方，在学校赛事体系中也是联合主办方或指导者。

有关篮球活动的举办及参与情况的调查，主要以协会为调查主体，聚焦协会每年举办的固定活动，涵盖固定赛事、培训类型及固定活动类型。关于协会每年举办固定赛事的情况，根据中国篮球协会系统问卷调查结果，协会在篮球赛事举办中占据主体位置，89.2%的协会每年举办固定的篮球赛事，只有10.8%的协会没有举办固定赛事。

协会每年举办的固定活动类型，主要以篮球赛事活动为主。群众性篮球比赛比例最高，达89.3%，其后依次为小篮球比赛、中学生篮球比赛、群众性三人篮球比赛、青少年篮球锦标赛和青少年三人篮球比赛五类固定活动（见图9-1）。

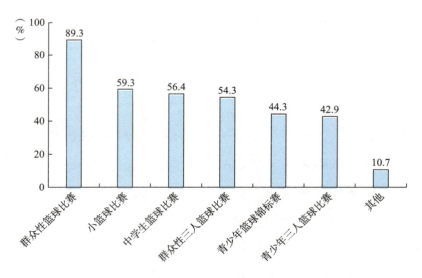

图 9-1　协会每年举办的固定活动类型（多选）

从调查结果可以看到，各类群众性篮球赛事是协会最重视的赛事类型，几乎各地区各级协会都将群众性篮球赛事作为每年举办的固定活动形式，涉及青少年群体的篮球赛事也在不断开展，可见协会对群众性篮球赛事和青少年篮球赛事的重视程度。这在一定程度上体现了群众性篮球赛事与青少年篮球赛事的需求度和参与度在提升。

　　有关协会每年举办的培训班类型，裁判员培训班比例最高，为79.3%，其次为青少年公益训练营，比例为40.7%，而体育教师篮球培训班及中国篮协 D、E 级教练员培训班的比例分别为31.4%和20.7%（见图9－2）。从培训类型上看，协会每年举办的培训还不够多样化，集中且单一。从培训对象来看，除了针对篮球业内人士的培训外，绝大多数培训都集中在青少年群体上，说明青少年群体在篮球事业发展中占据重要位置，这与近年来我国重视篮球后备人才培养有很大关系。

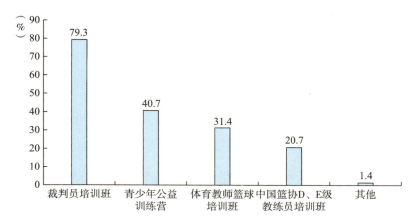

图9－2　协会每年举办的培训班类型（多选）

9.2 对篮球赛事的关注与评价

9.2.1 对篮球赛事的关注情况

有关对篮球赛事的关注情况，被调查对象涉及公众、青少年、运动员/特长生及篮球机构①等不同群体。本节将在不同群体对不同赛事关注度的基础数据上归纳总体情况，再对不同群体的情况进行分析比较，并进一步分析不同群体对篮球赛事关注程度存在差异的原因。

从总体上看，公众、青少年、运动员/特长生及篮球机构四类群体关注的篮球赛事类型呈现多元化特征，涵盖了国内外各等级篮球赛事。其中总体关注程度最高的五类篮球赛事分别是奥运会/亚运会篮球赛、中国男子篮球职业联赛（CBA）、美国男子篮球职业联赛（NBA）、中国大学生篮球联赛（CUBA）和世界/亚洲青年篮球赛。

从不同群体的角度看（见图9-3、表9-1），公众关注的前四类赛事分别是奥运会/亚运会篮球赛、中国男子篮球职业联赛（CBA）、全运会/青运会男女篮球赛及美国男子篮球职业联赛（NBA），分别有58.5%、40.8%、20.1%和19.8%的公众选择，也有18.5%的公众不关注篮球赛事。青少年关注的前四类赛事分别是奥运会/亚运会篮球赛、中国男子篮球职业联赛（CBA）、世界/亚洲青年篮

---

① 本调查问卷中的篮球机构包括篮球社会组织、职业篮球俱乐部、篮球培训机构、篮球行业相关产业公司与赞助企业。

18.0	19.6	37.3	49.6	世界/亚洲青年篮球赛
20.1	14.5	37.2	44.2	全运会/青运会男女篮球赛
15.1	15.7	28.3	35.3	中国女子篮球职业联赛（WCBA）
12.9	12.4	22.6	34.9	全国男子篮球联赛（NBL）
8.0	9.3	34.6	55.4	全国青少年U系列篮球赛事
4.2	5.6	30.5	41.1	耐克中国高中篮球联赛（CHBL）
8.5	8.2	13.7	55.0	中国小篮球联赛（MCBA）
6.6	6.8	15.5	29.1	全国中学生篮球赛（CJBL、CSBL、CSBA）
4.9	8.1	17.2	26.7	亚洲杯三人篮球赛
11.1	8.6	16.7	29.1	中国篮球公开赛（CBO）
8.4	8.4	20.9	36.4	民间/草根/社会篮球赛
6.5	6.6	20.5	31.8	中国三对三篮球联赛、擂台赛、俱乐部精英赛
6.1	5.3	17.2	24.0	全国体育院校篮球联赛（SCBA）
4.8	3.6	14.7	20.9	肯德基全国青少年三人篮球冠军挑战赛
3.7	5.3	24.6	22.5	美国大学生篮球联赛（NCAA）
1.9	2.5	8.5	16.7	欧洲篮球冠军联赛（EL）
3.1	1.8	9.6	9.3	美国女子篮球职业联赛（WNBA）
2.0	0.5	0.8	1.6	其他
18.5	26.1	1.7	0	都不关注
58.5	54.1	69.2	80.6	奥运会/亚运会篮球赛
40.8	32.3	81.1	88.8	中国男子篮球职业联赛（CBA）
19.8	17.0	59.7	58.5	美国男子篮球职业联赛（NBA）
16.7	19.2	51.7	65.5	中国大学生篮球联赛（CUBA）
公众	青少年	运动员/特长生	篮球机构	

图 9 – 3　不同主体的赛事关注情况（多选，个案百分比）

表 9 – 1　不同群体关注的篮球赛事情况（多选）

单位：%

赛事类型	公众	青少年	运动员/特长生	篮球机构
奥运会/亚运会篮球赛	58.5	54.1	69.2	80.6
世界/亚洲青年篮球赛	18.0	19.6	37.3	49.6
全运会/青运会男女篮球赛	20.1	14.5	37.2	44.2
中国男子篮球职业联赛（CBA）	40.8	32.3	81.1	88.8

续表

赛事类型	公众	青少年	运动员/特长生	篮球机构
中国女子篮球职业联赛（WCBA）	15.1	15.7	28.3	35.3
中国大学生篮球联赛（CUBA）	16.7	19.2	51.7	65.5
全国男子篮球联赛（NBL）	12.9	12.4	22.6	34.9
中国篮球公开赛（CBO）	11.1	8.6	16.7	29.1
全国青少年 U 系列篮球赛事	8.0	9.3	34.6	55.4
亚洲杯三人篮球赛	4.9	8.1	17.2	26.7
中国三对三篮球联赛/擂台赛/俱乐部精英赛	6.5	6.6	20.5	31.8
肯德基全国青少年三人篮球冠军挑战赛	4.8	3.6	14.7	20.9
全国体育院校篮球联赛（SCBA）	6.1	5.3	17.2	24.0
耐克中国高中篮球联赛（CHBL）	4.2	5.6	30.5	41.1
全国中学生篮球赛（CJBL、CSBL、CSBA）	6.6	6.8	15.5	29.1
中国小篮球联赛（MCBA）	8.5	8.2	13.7	55.0
美国男子篮球职业联赛（NBA）	19.8	17.0	59.7	58.5
美国女子篮球职业联赛（WNBA）	3.1	1.8	9.6	9.3
美国大学生篮球联赛（NCAA）	3.7	5.3	24.6	22.5
欧洲篮球冠军联赛（EL）	1.9	2.5	8.5	16.7
民间/草根/社会篮球赛	8.4	8.4	20.9	36.4
其他	2.0	0.5	0.8	1.6
都不关注	18.5	26.1	1.7	0

球赛及中国大学生篮球联赛（CUBA），分别有 54.1%、32.3%、19.6% 和 19.2% 的青少年选择。值得注意的是，26.1% 的青少年不关注篮球赛事，在青少年群体中这个比例位列第三。运动员/特长生关注的前五类赛事分别是中国男子篮球职业联赛（CBA）、奥运会/亚运会篮球赛、美国男子篮球职业联赛（NBA）、中国大学生篮球联赛（CUBA）和世界/亚洲青年篮球赛，分别有 81.1%、

69.2%、59.7%、51.7%和37.3%的运动员/特长生选择。在运动员/特长生群体中，只有1.7%的对象选择了"都不关注"。篮球机构关注的前五类赛事分别是中国男子篮球职业联赛（CBA）、奥运会/亚运会篮球赛、中国大学生篮球联赛（CUBA）、美国男子篮球职业联赛（NBA）和全国青少年U系列篮球赛事，分别有88.8%、80.6%、65.5%、58.5%和55.4%的篮球机构选择，在此群体中，对篮球赛事都不关注的比例为0。

通过以上对各调查群体的数据分析可以看出，从关注的赛事类型看，四类群体都没有特别大的分歧，但不同群体在各类赛事的关注程度上呈现较大差异，运动员/特长生及篮球机构对各类篮球赛事的关注程度都高于公众及青少年。而在"都不关注"的比例上，青少年比例最高，为26.1%，公众次之，为18.5%，与篮球机构和运动员/特长生形成强烈反差。显然，各类群体特征以及自身与篮球赛事的关联程度在很大程度上会影响该群体对篮球赛事的关注程度。

从篮球赛事等级划分的角度，可将篮球赛事划分为职业赛事（以参加运动员是否为职业运动员为标准和依据）、专业赛事、业余赛事及民间/草根/社会篮球赛事。从调查结果来看，职业篮球赛事的关注程度是最高的。职业篮球赛事在制度体系、赛事规模、观赏性及观看渠道等方面都处于各等级赛事的顶端位置，这在一定程度上决定了职业篮球赛事的总体关注度也处于领先地位。值得关注的是，专业机构对中国小篮球联赛（MCBA）及青少年相关赛事的关注程度普遍较高，专业机构已成为我国青少年篮球和小篮球发展的推动力量之一。在近年来国家不断重视青少年体育的大背景下，专业机构参与推动青少年篮球和小篮球发展的作用将越来越大，在相关赛事的组织中也将占据更加重要的位置。

9.2.2　对篮球赛事发展情况的评价

关于对篮球赛事发展情况的评价，调查对象涵盖了专业机构、篮球业内人士及协会群体，调查问题包括对 CBA 整体形象的评价和对青少年赛事情况的评价。

关于对 CBA 整体形象的评价，专业机构卷调查结果显示，有87.6%的专业机构认为近年来 CBA 的整体形象是有提高的，88.4%的业内人士亦持有相同看法。而认为近年来 CBA 的整体形象下滑的专业机构和业内人士分别占 4.7% 和 5.1%。由此来看，近年来CBA 的整体形象在不断提升，给民众留下的印象也在向好的趋势发展。这证明近年来 CBA 所做改革具有一定成效。

表 9 - 2　专业机构和业内人士对近年来 CBA 整体形象的评价

单位：%

评价	专业机构	业内人士
明显提高	46.5	36.2
有所提高	41.1	52.2
不确定	7.8	6.5
有所下滑	4.3	4.5
明显下滑	0.4	0.6

对青少年篮球赛事的评价情况，涉及对青少年篮球赛事的数量、质量的评价，对扩大青少年篮球赛事规模的态度，以及如何看待培训机构参与青少年篮球赛事几个方面的内容。

首先在对青少年篮球赛事数量及质量的评价方面，业内人士卷中，对青少年篮球赛事数量充足程度打分比较低，表示非常充足或比较充足的比例仅为22.5%（见图9-4），对青少年篮球赛事质量的满意程度打分同样较低，很满意和满意的比例仅为29.8%（见图9-5）。这一方面体现出我国青少年篮球赛事仍处于早期发展阶段，另一方面说明近年来我国各方都致力于青少年篮球事业发展，但在一定程度上青少年篮球赛事发展还没有形成稳定的体系，这也是导致篮球后备力量培养不足的重要因素之一，我国在未来篮球赛事发展及体系构建过程中应予以重视。

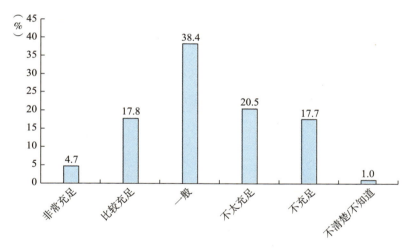

图9-4　业内人士对青少年篮球赛事数量充足程度的评价

其次，在对扩大青少年篮球赛事规模的态度方面，从篮协系统调查结果来看，各级篮协对扩大青少年赛事规模表示大力支持，比例达96.2%，仅有3.8%的调查对象持犹豫态度。关于对篮协举办的青少年比赛吸纳培训机构队伍的看法，各级篮协表示支持，比例为89.2%，仅有7.6%的调查对象对此持消极态度，3.2%的

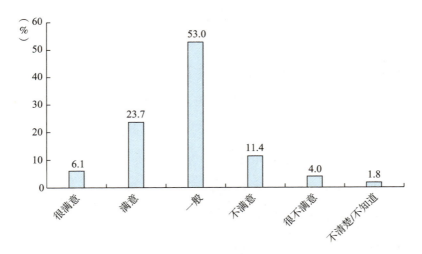

图 9-5 业内人士对青少年篮球赛事质量满意程度的评价

调查对象对此表示说不好。

总体看来，整个篮球行业对青少年篮球赛事发展持积极态度，但在青少年篮球赛事的策划和组织方面还有很大的提升空间。

9.3 对三人篮球发展的建议

本节从将三人篮球作为单项赛事在全国各层级进行推广的支持度入手，了解中国篮协目前在全国各层级推广三人篮球的情况，相关主体对我国三人篮球目前发展情况的总体评价、对篮协推广三人篮球举措的建议等。

9.3.1 对三人篮球发展重点人群的看法

对于中国篮协在推广三人篮球时重点年龄段的问题，大多数被访者（84.7%）认为中国篮协在推广三人篮球时应在青少年 12～18

岁年龄段着力，与对我国三人篮球发展中最具潜力的年龄段结果的分布一致。三人篮球发展要主抓这类群体，以点带面实现全面推广与普及。

9.3.2 对三人篮球单项推广的意愿

对于我国三人篮球作为单项推广的问题，根据篮协系统卷调查结果，69.4%的被访者表示支持，反对的比例仅为1.9%，其余持"说不好/没想法"的中立态度（28.7%）。由此可见，篮协系统对三人篮球作为单项推广持较为积极的态度。

对于如何推广三人篮球的问题，82.8%的被调查者认为"三人篮球高水平裁判员的培养"最重要，三人篮球场地器材的标准化及入围认证厂商的认定（81.5%）次之，认同三人篮球各级教练员体系搭建需求的比例为80.9%。

关于三人篮球在我国推广的举措，篮协系统被访者对赛事体系和裁判员表现出高度重视，91.1%的被访者表示要配套三人篮球赛事体系建设，80.9%的被访者表示要加强对裁判员的培养和管理（见图9-6）。

综上，中国篮协及地方各级篮球协会对三人篮球在全国推广持积极态度。中国篮协在三人篮球推广中占据核心位置，未来应重视三人篮球相关制度体系及赛制体系建设，同时对相关裁判员的培养和管理要双线并行，为三人篮球的推广打下坚实基础。

9.3.3 对我国三人篮球发展的评价

对于三人篮球低龄组别开展活动所需要的条件问题，专业机

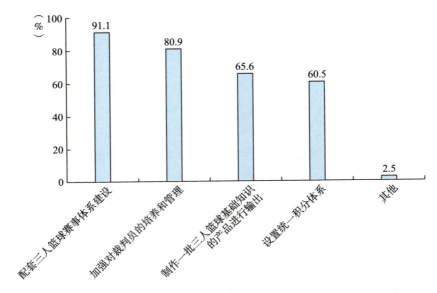

图9-6　对中国篮协在我国推广三人篮球举措的建议（多选）

构卷调查结果显示，91.5%的被访者认为开展三人篮球低龄组别活动需要规则的规范，与篮协系统的调查结果有明显差异，后者的比例仅为71.3%。82.2%的篮协系统被访者认为开展三人篮球低龄组别活动需要举办配套的赛事活动（见图9-7）。

对于三人篮球发展的总体状况，根据篮协系统卷调查结果，超过半数被访者表示目前我国三人篮球发展在资金来源（69.4%）、政策支持（68.2%）和组织、策略、方法及管理团队（54.1%）上比较匮乏。仅有21.7%的被访者认为当前三人篮球发展的体制、机制、治理不适合（见图9-8）。

综上所述，中国篮协在我国三人篮球发展过程中起主导作用，我国三人篮球发展具有巨大的潜力，但三人篮球在我国的推广与发展也面临着制度与资源方面的问题。

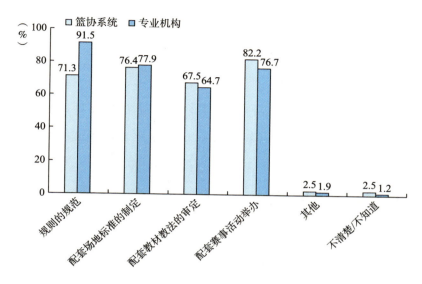

图9-7　篮协系统和专业机构对开展三人篮球低龄组别
活动所需条件的看法（多选）

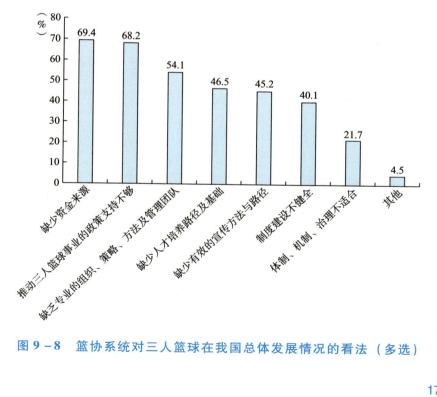

图9-8　篮协系统对三人篮球在我国总体发展情况的看法（多选）

9.4 篮球公益事业的发展与评价

　　开展篮球公益活动是目前我国篮球公益事业发展的主要方式，本节讨论的篮球公益事业及篮球公益活动主要是指以中国篮协为主体开展的以篮球运动项目为核心的公益事业及公益活动。2004年3月，中国篮协和中国青少年发展基金会共同发起"CBA与我共成长公益计划"，依托中国男子篮球职业联赛，开展广泛的社会动员，同时募集公益基金扶持中西部贫困地区的青少年教育，开展体育公益活动，传播篮球文化、篮球理念，促进青少年健康成长。篮球公益活动在一定程度上弥补了我国体育公共服务的不足，促进了体育公共服务的均等化。体育与公益的结合不仅凸显了体育的社会责任和形象，也吸引了越来越多的普通民众加入体育公益活动，促进了我国全民健身事业的发展和公益体育服务体系的构建和完善。

9.4.1 篮球公益活动的发展情况

　　有关我国篮球公益活动的发展情况，涉及篮球公益活动的关注度、参与度及参与意愿三个方面，调查对象涵盖公众、青少年、运动员/特长生及专业机构四大群体。

　　首先，有关篮球公益活动的关注度，调查对象包括公众、青少年与运动员/特长生群体。从不同群体的回答情况来看，公众与青少年群体对篮球公益活动的关注度相近，公众群体接近四成，青少年群体接近三成。运动员/特长生群体对篮球公益活动的关注度远远高于公众与青少年群体，比例高达76.7%（见图9-9）。由此可见，对篮球公益活动的关注度在一定程度上受篮球从业身份的影响。

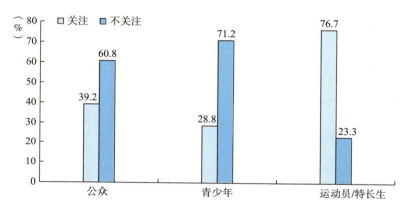

图9-9 不同群体对篮球公益活动的关注情况

其次，在是否参加过篮球公益活动的问题上，调查对象包括公众、青少年及专业机构群体。具体来看，公众与青少年群体参与过篮球公益活动的比例低，分别为7.5%和11.8%，大部分人都并没有亲身参与过篮球公益活动，此结果与公众及青少年群体对篮球公益活动的关注度也是匹配的。根据专业机构卷调查结果，专业机构对篮球公益活动的参与度达75.2%，远远高于公众及青少年群体（见图9-10）。由此看来，与篮球联系程度越高的群体及组织，对篮球公益活动的关注度和参与度也越高。

最后，对于参与篮协组织的篮球公益活动的意愿，根据公众、青少年及运动员/特长生卷调查结果，超过四成公众及青少年愿意参加篮协组织的篮球公益活动，但是持"说不好"态度的比例在这两个群体中高达40.9%和34.5%。运动员/特长生群体的参与意愿

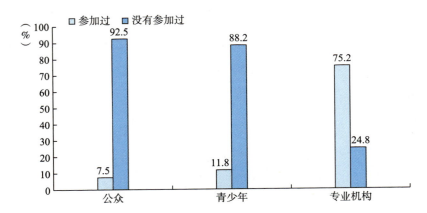

图 9 – 10　不同群体参与篮球公益活动的情况

最高，达 86.7%，与运动员/特长生群体对篮球公益活动具有较高关注度的结果相匹配（见图 9 – 11）。

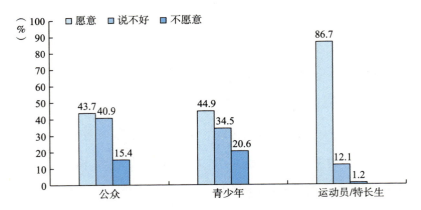

图 9 – 11　不同群体是否愿意参与篮协组织的篮球公益活动的调查情况

9.4.2　篮球公益活动的评价情况

篮球公益事业的发展需要来自政府、市场与社会力量的多方支持。对于是否愿意对篮球公益事业进行捐赠的问题，根据专业机构卷调查结果，高达 91.9% 的专业机构表示愿意，仅有 8.1% 的专业机构持否定态度。这体现出篮球公益事业发展具有市场与社会基础，也表明了市场与社会力量参与篮球公益事业发展的趋势。

专业机构卷中，针对体育产业及其他行业公司类型的专业机构，询问了未来篮球事业投入方向的问题。85.1%的专业机构表示未来三年会对篮球事业进行投入。在表示会进行投入的专业机构中，77.5%和52.5%的专业机构表示主要增加在青少年篮球和学校篮球方面的投入，45.0%的专业机构表示增加在社会俱乐部篮球方面的投入，40.0%的专业机构表示增加在群众/草根篮球方面的投入，30.0%的专业机构表示增加在职业篮球方面的投入（见图9-12）。

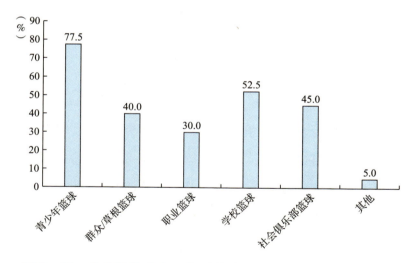

图9-12 专业机构未来三年对篮球事业的投入情况（多选）

对于"中国篮协运用商务开发获得的资源设立基金会推动篮球公益事业发展"这一问题，超过90%的运动员/特长生、专业机构及业内人士持支持态度，而专业机构的赞同比例更是高达98.1%。三类受访对象中仅有不到1.0%的比例持不赞同态度（见表9-

13）。由此可见篮球业界对中国篮协推动篮球公益事业责任与能力的认可，也说明篮球公益事业的发展还有很大潜力。

表 9 – 3   不同群体对中国篮协运用商务开发获得的资源设立基金会
推动篮球公益事业发展的看法

单位：%

看法	运动员/特长生	专业机构	业内人士
赞同	84.0	91.1	84.7
比较赞同	10.7	7.0	13.2
不确定	4.7	1.2	1.9
不太赞同	0.5	0	0.1
不赞同	0.1	0.8	0

9.5   小结

篮球赛事和篮球公益事业是我国篮球事业发展的两大主题，二者相互促进、相互影响。在中国篮协及各级篮球协会的主持下，我国篮球活动的举办形成了"以各类群体的篮球赛事开展为核心，附加特定群体的篮球培训活动"的特征，篮球赛事尤其是群众与青少年篮球赛事的需求量与参与度逐渐攀升。

从对我国篮球赛事的关注度与评价情况来看，我国篮球赛事的观众基础较好，总体上对中国国家队参与的国际性篮球赛事的关注度更高。通过公众、青少年与运动员/特长生群体对篮球赛事关注度的调查可以发现，篮球从业身份以及自身和篮球赛事的关联程度与篮球赛事关注度密切相关。

在对我国篮球赛事的评价方面，近年来 CBA 改革的成效甚好，篮球行业的整体形象有所提升。目前我国青少年篮球赛事在数量和质量上仍有很大的提升空间。作为后备人才选拔与锻炼的平台，如何扩大青少年篮球赛事的规模、完善青少年篮球赛事的组织架构是未来我国篮球赛事发展必须解决的问题。三人篮球在我国的发展离不开中国篮球协会在制度和资源方面的保障，各级地方篮球协会应该结合各自的特色与现实情况思考推广三人篮球的有效途径。综合各调查群体对我国篮球赛事的评价可以发现，我国篮球赛事发展在组织和资源开发方面仍然有极大的提升空间，应当考虑篮球赛事举办与所在城市资源相匹配，将不同规模和层级的篮球赛事放到适合的城市举办，突出地域特色，重视区域社会篮球、草根篮球、群众篮球的发展，做到经济效应、社会效应和比赛效应的收益最大化。

目前我国篮球公益事业仍是以中国篮球协会为核心、各级地方篮球协会为辅助的组织与管理体系。随着我国体育改革与体育事业的发展，市场参与我国篮球公益事业发展的意愿越来越强，尤其是涉及青少年群体的篮球公益事业发展受到更多关注。这与近年来我国出台的相关政策和青少年体育蓬勃发展息息相关，应动员青少年和青少年篮球培训机构积极投入篮球公益事业中，提升篮球公益事业参与程度。

第10章
篮球运动员/特长生职业生涯与发展规划

　　作为一个特殊的职业群体，篮球运动员/特长生的职业生涯与发展规划具有多种特点。一方面，篮球运动员/特长生的职业生涯往往处于前置状态，即相对于生命历程，篮球运动员/特长生较早进入劳动过程，而在普通人群的青壮年时期，篮球运动员/特长生已经需要考虑退役、转型或者再就业等。职业生涯的前置意味着教育敏感期的部分错失，这为该群体的职业生涯与发展规划带来了严峻的挑战。另一方面，篮球运动员/特长生在劳动过程中具有高风险性，运动伤病是篮球运动员/特长生遇到的普遍问题。此外，篮球运动员/特长生往往承担着公众较高的社会期待，因此他们的存在对青年群体具有一定的社会示范性和引导性。

　　关注篮球运动员/特长生的职业生涯与发展规划，不仅是对这一群体需求的关照，也是出于对篮球事业公平性和可持续发展的考虑。在役和退役篮球运动员的未来发展直接影响到篮球运动后备人才的选拔和我国篮球运动的健康发展。

　　本章主要聚焦篮球运动员/特长生的职业生涯与发展规划这一主题，通过对篮球运动员/特长生的专业篮球运动经历情况、个人职业发展认知、职业发展规划、运动伤病情况与保险需求等问题进行调查与分析，探讨篮球运动员/特长生的职业生涯与发展规划的特殊性，并了解这一群体的需求和供给现状，以提供更符合其职业发展特点的建议。

10.1 专业篮球运动经历情况

从运动员/特长生卷调查结果来看，在选入篮球训练体系方式方面，通过学校选材与体校选材所占比例较高，分别达42.0%和40.1%；其次是通过职业俱乐部进入，比例为5.9%，其余选项所占比例均不超过5%（见图10-1）。60.8%的运动员/特长生表示在选拔过程中没有遇到不公平的经历，21.5%的运动员/特长生表示不确定。[①]可见运动员/特长生大多通过学校或者体校选材的途径进入篮球训练体系，对选拔过程的公平性较为认可。

调查结果显示，大多数运动员/特长生都有体校或专业队经历，接受过专业、系统的培养与训练。75.3%的运动员/特长生有体校学习或训练的经历，没有这种经历的比例为24.7%。58.1%的运动员/特长生经过专业队体系的培养。其中，30.3%的运动员/特长生从事过三人篮球运动。

运动员/特长生参与的篮球赛事涵盖国内外、各等级、各地区的篮球赛事，其中34.1%的运动员/特长生参与过全国青少年U系列篮球赛事，比例最高；31.2%的运动员/特长生参加过民间/草

---

① 当然，仅针对目前的运动员/特长生询问此问题存在"幸存者谬误"问题。该结果仅代表目前具有运动员/特长生身份的群体的情况。

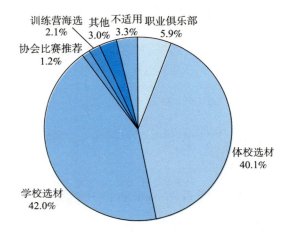

图 10－1　被选入篮球训练体系的方式

根/社会篮球赛事；全运会/青运会男女篮球赛、中国三对三篮球联赛/擂台赛/俱乐部精英赛、全国中学生篮球赛的参与比例都在11.0%左右，其余赛事的参与比例相对较低。相对来说，我国运动员/特长生对国际性高水平篮球赛事的参与度不高，参赛数量与质量还有较大提升空间。

表 10－1　运动员/特长生参与篮球赛事的情况（多选）

单位：%

赛事类型	比例
全国青少年 U 系列篮球赛事	34.1
民间/草根/社会篮球赛	31.2
都没参加	11.8
全运会/青运会男女篮球赛	11.5
中国三对三篮球联赛/擂台赛/俱乐部精英赛	11.0
全国中学生篮球赛（CJBL/CSBL/CSBA）	10.9
中国小篮球联赛（MCBA）	9.2
其他	8.9

续表

赛事类型	比例
中国大学生篮球联赛（CUBA）	8.5
耐克中国高中篮球联赛（CHBL）	8.2
肯德基全国青少年三人篮球冠军挑战赛	6.0
全国体育院校篮球联赛（SCBA）	3.9
中国男子篮球职业联赛（CBA）	3.4
中国女子篮球职业联赛（WCBA）	3.2
奥运会/亚运会篮球赛	2.5
世界青年/亚洲青年篮球赛	2.0
全国男子篮球联赛（NBL）	1.9
中国篮球公开赛（CBO）	1.8
美国男子篮球职业联赛（NBA）	0.9
亚洲杯三人篮球赛	0.8
美国女子篮球职业联赛（WNBA）	0.3
美国大学生篮球联赛（NCAA）	0.3
欧洲篮球冠军联赛（EL）	0.2

10.2 篮球运动员/特长生职业发展认知与规划

10.2.1 篮球运动员/特长生职业发展认知

调查结果显示，59.5%的运动员/特长生认为个人在篮球运动发展中存在阻碍因素。阻碍个人运动发展的因素包括运动员自身因素和缺少规划与机会两大方面。从个人归因的具体情况来看，62.7%的运动员/特长生认为"缺少比赛机会"，比例最高。其他阻碍因素依次为"个人素质/能力不足"（48.3%）、"缺乏专业训练"（46.4%）、"缺少职业发展规划"（44.2%）、"缺少出头机会"

（36.6％）、"对未来迷茫"（31.4％）、"动力不足"（21.2％）等。

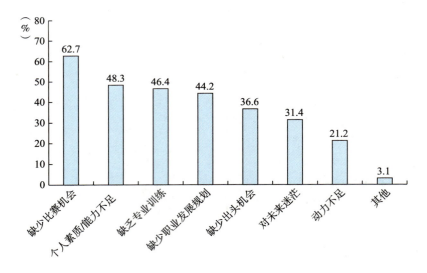

图 10 − 2　个人运动发展的阻碍因素（多选）

10.2.2　篮球运动员/特长生职业发展规划

运动员职业生涯规划起源于美国。早在 1977 年美国奥林匹克委员会就制订了奥林匹克工作机会计划（OJOP），旨在为参加奥运会的运动员进行职业规划和就业指导。到 20 世纪八九十年代，国际奥林匹克委员会开始与专门从事人力资源管理的 Adecco 公司合作，并参与了"运动员职业生涯计划"（Athlete Career Program，简称 ACP），帮助运动员开展职业生涯规划，改善运动员退役后择业难的状况。与此同时，澳大利亚、加拿大、英国等国也相继开展了关于运动员职业生涯规划的计划。[①] 对运动员的职业发展进行调查，可以了解运动员的职业发展目标，为退役后的职业转型奠定

---

① 　李强：《运动员职业生涯规划的发展研究》，《体育与科学》2010 年第 1 期。

基础。

　　运动员/特长生卷中询问了篮球技术是否可以作为自身求学或工作优势的问题。结果表明，大多数运动员/特长生都认为自身拥有的篮球特长能够成为其未来求学、工作或求职的优势。具体来看，在求学方面，83.3%的运动员/特长生认为拥有篮球技术特长能够成为求学的优势条件，15.7%的运动员/特长生对此表示不确定，仅有1.0%的运动员/特长生认为不能。在求职方面，72.8%的运动员/特长生认为拥有篮球技术特长能够成为其工作的优势条件，25.2%的运动员/特长生对此表示不确定，仅有2.0%的运动员/特长生认为不能（见图10-3）。

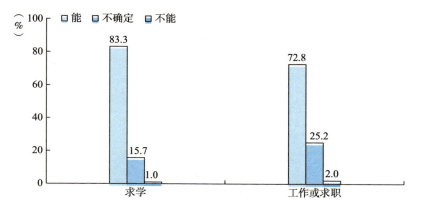

图10-3　篮球技术能否作为求学、工作或求职的优势条件

　　对于进入篮球职业/专业生涯实现的预期条件问题，"未来有出路"（51.2%）是运动员/特长生实现的首要预期条件，其他条件为"有机会进入好的学校"（50.6%）、"实现了本人意愿"（42.4%）、"有机会为国争光"（30.5%）、"教练素质高"（24.8%）、"不耽误文化学习"（18.4%）和"理想的收入"（17.6%）（见图10-4）。

对于发展意愿，88.9%的运动员/特长生愿意加入中国国家队（0.5%的运动员/特长生已经加入），81.7%的运动员/特长生选择如果有机会愿意出国发展，86.0%的运动员/特长生表示愿意加入CBA（1.0%的运动员/特长生已加入）（见图 10－5）。大多数运动员/特长生进入篮球职业/专业生涯都有自己期望获得的条件，这些条件与求职、升学等现实条件相关，并且他们对自己的发展具有较为明确的规划，对出国、进入体制内拥有较高的热情，希望得到更好的发展机会，获得更加广阔的发展空间。

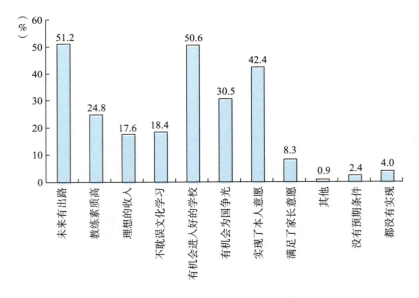

图 10－4　进入篮球职业/专业生涯实现的预期条件（多选）

在文化课学习情况方面，绝大部分受访者认为接受篮球专业训练期间个人的文化课学习可以得到保障，但保障的程度存在一定差异：认为可以完全保障的比例为 26.7%，认为可以基本保障的比例为 41.5%，认为保障情况一般的比例为 21.3%（见图 10－6）。在个人发展平台方面，71.1%的运动员/特长生认为现有的平

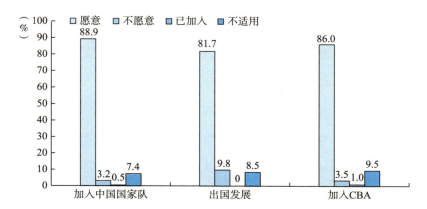

图 10 – 5 篮球运动员的发展意愿情况

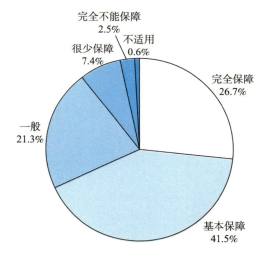

图 10 – 6 接受篮球专业训练期间个人文化学习保障程度

台可以满足其个人篮球运动发展需要，28.9% 的运动员/特长生认为不能满足其发展需要。另外，根据运动员/特长生卷调查结果，18.4% 的运动员/特长生有个人篮球运动自媒体账号。① 可见部分

① 从公众卷、青少年卷调查结果来看，21.3% 的成人关注了草根篮球运动或草根篮球明星自媒体账号，19.0% 的青少年关注了草根篮球运动或草根篮球明星自媒体账号。

篮球运动员/特长生对自己未来的发展做了较多准备，通过保障文化课学习、获取更广阔的发展平台以及树立个人形象等方式，去更好地实现自己的发展预期与规划。

对于未来不再从事篮球运动的出路问题，69.7%的运动员/特长生表示担心，30.3%的运动员/特长生表示不担心。在退役后的职业选择方面，"从事篮球行业相关工作"（72.1%）居首位，其他依次为"进入高校"（38.9%）、"自己开办篮球训练机构"（33.2%）和"进入中小学"（18.5%）（见图10-7）等。由此看来，多数运动员/特长生对自己退役后的职业发展都有明确的规划与选择，将自身的运动特长作为将来的出路，愿意继续从事与篮球行业相关的工作或从事教育相关工作，希望从事其他行业工作的仅占极小一部分。

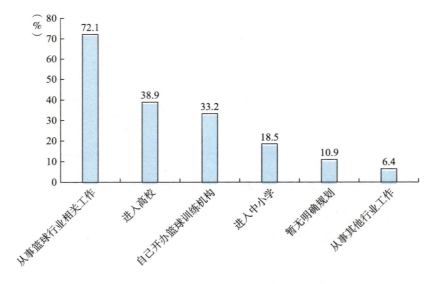

图 10-7 未来退役后希望选择的职业方向 （多选）

值得注意的是，大多数篮球专业机构的人员都有职业/专业篮球运动经历。本次调查在专业机构卷中设置了对具体被访者本人职业生涯中是否有过职业或专业篮球运动经历的问题，50.8%的专业机构受访者表示自身有职业或专业篮球运动经历，49.2%的专业机构受访者表示没有这种经历，两项选择的比例接近。这说明这类行业（包括社会篮球训练机构、职业篮球俱乐部、其他体育产业公司等）中，大致有一半的从业者属于职业/专业篮球运动员退役。也就是说，在篮球专业机构就职是职业/专业篮球运动员退役后的重要选择方向。

10.3 运动伤病情况与保险需求

10.3.1 运动伤病情况

在运动员/特长生群体中，运动伤病十分普遍。调查结果显示，73.7%的运动员/特长生表示有运动伤病，其中来自"训练或竞赛中的意外伤害"的运动损伤比例（56.7%）最高，其他来源依次为"长期训练导致的劳损"（48.3%）、"不清楚何时何地造成"（18.3%）和"对手的有意伤害"（10.0%）（见图10-8）等。

按照《运动创伤与运动致病事故程度分级标准》，运动员的伤病等级分为十级。调查结果显示，48.3%的运动员/特长生表示不清楚自身运动伤病等级，40.0%的运动员/特长生表示自身运动伤病未定级，33.3%的运动员/特长生表示未鉴定自身运动伤病等级（见图10-9）。从前面的调查结果来看，大多数运动员/特长生都存在运动伤病，但对自身运动伤病进行定级的运动员/特长生极

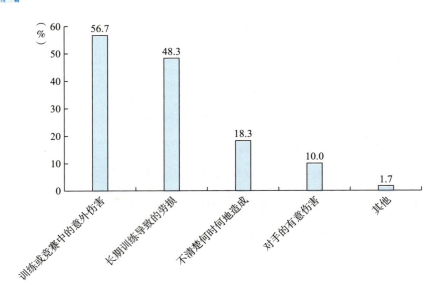

图 10 - 8　运动员/特长生运动伤病的来源（多选）

少，大多数运动员/特长生对自身运动伤病的等级未进行鉴定与定级且不能清楚地认识自身运动伤病等级。这说明多数运动员/特长生的自我保护意识不强，缺乏相应的健康认知能力与专门的培训。

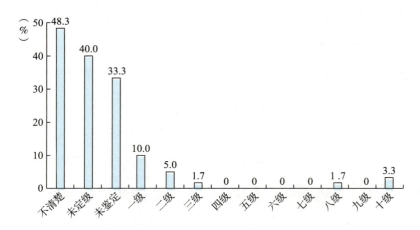

图 10 - 9　运动员/特长生自身运动伤病等级（多选）

运动损伤对运动员/特长生的运动生涯及日常生活会产生一定

影响。52.2%的运动员/特长生表示不会因为运动伤病考虑提前结束篮球运动生涯，45.4%的运动员/特长生表示视伤病情况而定，2.4%的运动员/特长生表示已经考虑结束运动生涯。在运动伤病对日常生活影响方面，27.0%的运动员/特长生表示运动伤病不会影响日常生活，60.5%的运动员/特长生表示运动伤病会影响日常生活但是目前还没有影响，12.5%的运动员/特长生表示运动伤病已经对日常生活产生影响（见图10－10）。

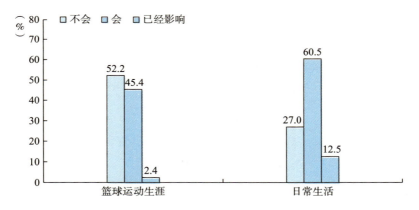

图 10－10　运动伤病对运动员/特长生日常生活的影响

10.3.2　购买运动意外伤害保险情况

在购买运动意外伤害保险的必要性上，84.1%的运动员/特长生认为有必要购买运动意外伤害保险。在购买运动意外伤害保险的运动员/特长生中，45.9%表示购买运动意外伤害保险的出资方为所在学校，39.7%表示购买运动意外伤害保险的出资方为所在运动队，37.3%表示购买运动意外伤害保险的出资方为家庭，27.3%表示购买运动意外伤害保险的出资方为个人，7.1%表示购买运动意外伤害保险的出资方为所属单位。大多数运动员/特长生购买运动意外伤害保险的原因出于所在运动队、学校、单位以及家庭的要求，较少是出于对自身安全的考虑，缺乏对运动意外伤害保险重要性的认知。

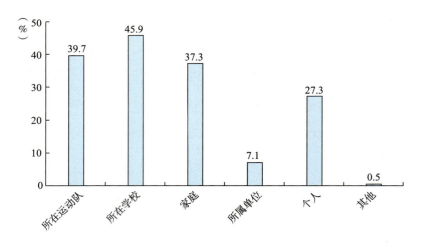

图 10 – 11　购买运动意外伤害保险的出资方（多选）

10. 4　小结

本章聚焦篮球运动员/特长生这一特殊群体，通过对这一群体的调查和分析，整理了当前我国篮球运动员/特长生职业生涯与发展规划的相关情况。运动员/特长生大多通过学校或者体校选拔进入篮球训练体系，之后要在体校或者专业运动队接受专业系统的训练，从而进一步提高自身的篮球运动水平，并成长为我国篮球运动发展的后备力量和中坚力量。经历过专业系统的训练之后，运动员/特长生参与各种篮球赛事，其参与赛事涵盖范围广泛，但以国内篮球赛事为主，国际性赛事参与较少，参赛数量和质量还存在较大提升空间。

在篮球运动员/特长生职业生涯与发展规划方面，大多数运动员/特长生将篮球技术特长作为自己未来求学、求职或工作的优势条件，并且根据自己拥有的篮球技术对未来的发展做出预期，确定自己的发展方向，并通过文化课学习、争取更加广阔的发展平台以及自媒体宣传来实现自己的发展目标。另外，大多数篮球运动员/特长生认同自己的篮球特长在求学、求职或工作方面具有优势，72.1%的运动员/特长生表示退役后继续从事篮球行业相关工作。因此，为了更好地保障篮球运动员/特长生职业发展的连贯性，相关部门要协助篮球运动员/特长生做好职业发展规划，更好地实现各阶段目标，通过完善现役运动员的文化教育保障机制，改善退役运动员的职业培训制度、就业支持机制以及就业服务体系等措施，进一步提高现役运动员的文化水平并促进退役运动员的角色转换与就业，帮助退役运动员更好地融入社会。

在运动伤病与购买运动意外伤害保险方面，大多数运动员/特长生都有运动伤病，这些运动伤病多来自日常的训练与竞赛，并且对运动生涯与日常生活产生了不同程度的影响。尽管篮球运动员/特长生对自身的伤病有所了解，但自我保护意识较为薄弱。该群体拥有强烈的保险购买意愿，且大多数运动员/特长生都认为有必要购买运动意外伤害保险，但是保险购买主体不明，保险种类模糊，运动员/特长生对保险重要性的认识仍有待提高。有关部门应根据篮球运动员的职业特点以及篮球赛事的特点，与商业保险公司协商设计保险种类，使运动员/特长生能够从容地面对运动伤病及未来的康复，保障他们的合法权益。

第11章
结论与建议

11.1　关于中国篮球运动发展的主要判断

11.1.1　我国篮球运动人口规模大、发展基础雄厚，参与人群广泛

（1）以篮球为主要运动项目的人口在全国公众人口（6～65岁）中居首位

在线样本库调查结果显示，在6～65岁公众日常体育运动项目中，除了一般性的跑步、走路、骑自行车等身体活动外，篮球项目参与人群的样本比例为10.9%，仅次于羽毛球和乒乓球。而在6～65岁公众日常主要体育运动项目中，以篮球为主要体育活动项目的比例为6.7%，高于羽毛球和乒乓球，在所有球类项目中居首位，在所有体育活动中位于前列。

在6～17岁青少年的日常体育运动项目中，参与篮球项目的比例为13.9%，而以篮球为主要体育活动项目的比例为9.6%，在所有球类项目中居首位。

依据2010年第六次全国人口普查数据，计算出全国6～65岁

年龄段"一般篮球人口"总规模约为1.25亿人,而"核心篮球人口"约为7610万人。

(2) 参与篮球运动的年龄阶段呈正偏态分布

15～25岁年龄段是参与篮球运动的高峰时期。在15～25岁年龄段人口中,参与篮球运动的人口比例仅次于一般性的跑步,与羽毛球比例相当,是各运动类型中参与比例较高的体育项目,也是参与比例最高的集体项目。在15～25岁城市男性人口中,以篮球为主要体育运动项目的比例甚至超过跑步。

以15～25岁年龄段为中心,其他年龄段参与率向相邻年龄段依次递减,形成了"以中间高峰为中心,年龄曲线右侧偏长、左侧偏短"的频数分布。这种现象的产生,与篮球对抗性强、以良好身体机能为基础的项目特点有关。篮球运动对身体发育渐趋成型,力量、速度、耐力等指标处于较高水平的青少年群体更具有吸引力。

(3) 篮球人口的平均锻炼时长和锻炼强度符合经常参加体育锻炼人口的标准

从篮球人口的锻炼强度来看,坚持3年以上、每次1～2小时、每周1～2次是篮球人口运动行为的主要特征。以我国经常参加体育锻炼人口的"每周身体活动频度3次(含3次)以上、每次身体活动时间30分钟以上、每次身体活动强度中等程度以上"的判定条件为标准比较,篮球人口的锻炼时长、强度和频率均基本符合经常参加体育锻炼人口的标准。

(4) 成年人口中篮球人口城乡分布差异不明显

从18～65岁篮球人口的城乡分布情况来看,乡村篮球人口的比例最高，为 40.8%；城市、城镇篮球人口的比例略低，分别为 33.2%、26.0%。从各年龄段城乡人口参与篮球运动的情况看，在 6~17 岁人口中，城市人口中参与篮球运动的比例为 21.4%，明显高于乡村人口中参与篮球运动的比例（12.2%）以及城镇人口中参与篮球运动的比例（10.3%）。不过整体来看，在 18~65 岁年龄段人口中，城市、城镇、乡村人口参与篮球运动的差异不明显，比例分别为 10%、11.7% 和 7.3%。

（5）社区篮球发展具有一定的规模和较大的发展空间

社区篮球是形成稳定篮球人口的重要维度。从社区篮球发展的情况来看，56.5% 的公众所居住的社区/村有篮球场地。分城乡来看，城镇的比例为 66.0%，城市的比例为 57.2%，乡村的比例为 50.6%，均超过半数。29.3% 的公众在社区/村篮球场地打过篮球，66.5% 的公众在社区/村篮球场地看过其他社区居民/村民打篮球。29.9% 的公众知道所居住的街道/乡镇有篮球队，28.8% 的公众知道所居住的街道/乡镇有篮球赛，24.3% 的公众参与过社区内部或跨社区比赛。这说明我国社区篮球发展具有一定规模，同时也有较大发展空间。

（6）篮球运动适合不同阶层和不同职业的公众参与

从调查结果来看，在公众进行体育运动或锻炼过程中，篮球运动是与"队友/朋友（其他社区/单位）"共同锻炼比例最高的项目，这意味着篮球运动最有助于培育集体性社会资本。同时，在项目类型与自我阶层认同对应关系中，篮球基本处于中心位置，体现出与其他阶层的亲和性。可见，篮球项目可以促进社会交往和弥合阶层差距，不同人群可以根据自身情况参与篮球运动。

11.1.2　我国公众和青少年参与篮球运动的主要目的是促进身心健康发展，培养青少年篮球后备人才是我国篮球事业发展的最重要目标

（1）公众和青少年对篮球项目的认可度居"三大球"之首

从公众卷调查结果来看，74.9%的公众希望在"三大球"中选择篮球作为主要体育技能，93.6%的公众希望在"三大球"中选择篮球作为子女的主要体育技能。青少年卷调查结果显示，在打篮球的青少年中，96.6%的青少年表示打篮球是自己的选择。

（2）我国公众对篮球运动提高身体健康水平的认可度较高

从公众参与篮球运动的价值认知来看，76.3%的公众认为打篮球让人身体更健康，表示不同意的比例极小；65.0%的公众认为打篮球可以让自己更开心。篮球运动对身心健康的促进作用已得到公众认同，公众参与篮球运动的根本出发点在于提高身体健康水平。

（3）青少年参与篮球运动的主要动因是强身健体、自身喜爱和掌握技能

从青少年参与篮球运动的动机来看，青少年发自内心对篮球运动的喜欢是支持其参与篮球运动的重要因素。而"学习一项体育技能"（74.0%）、"强身健体"（71.9%）和"自身喜欢"（67.9%）是青少年认可的前三类参与动机，超过升学、出国、找工作等功利取向动机。

（4）培养青少年篮球后备人才是我国篮球事业发展的最重要目标

从各调查主体对我国篮球事业发展的十大目标选择情况来看，

公众、青少年、运动员/特长生、业内人士、专业机构均将"培养青少年篮球后备人才"视为第一选择，比例均超过 25.0%，运动员/特长生群体选择比例达 31.0%。从各题项的加权平均值来看也是如此。由此可以发现，"培养青少年篮球后备人才"是篮球事业发展最重要的目标，业内外人士对青少年篮球后备人才培养的重要作用都较为认可，对"健全篮球专业人才（含运动员、教练、裁判等）培养体系"目标的认知情况也处于重要位置。这反映出新时期公众对篮球运动目标的认知多元化格局，也反映出公众对篮球运动发展目标规律性、系统性的认识。

11.1.3　家庭是实现篮球互动的重要场域

（1）家庭是实现篮球亲子互动的主要场所

从家庭成员的篮球互动情况来看，在有 3～17 岁子女的家庭中，父母带子女打过篮球的比例为 48.1%，而带子女看过篮球比赛转播的比例为 61.1%，41.3% 的父母带子女看过现场篮球比赛。考虑到代际年龄差的因素，家庭成员共同观看篮球赛事要比亲身参与更便于实现，而共同观赛是培养泛篮球人口以及促进亲身参与篮球运动的主要条件。

（2）父母与子女喜爱篮球的程度呈现明显的代际差异

从青少年喜爱篮球程度的情况来看，77.9% 的家长认为子女对篮球运动较为喜欢，然而从青少年的视角来看，仅有 48.1% 的青少年认为自己对篮球运动较为喜欢，两组评价数据呈现较大差异。这意味着父辈希望子女打篮球甚于子女自身喜欢打篮球。由于体育行业的快速发展，面对多种多样的体育项目，青少年可选择的项目类型相对于家长在同年龄段可选择的项目更多。尽管青少年身体素养的迁移有利于扩大篮球人口规模，但日益丰富的体育项目选择也为篮球人口规模的扩大带来了挑战。

（3）公众与青少年的喜爱球员、球队存在代际更替效应

调查结果显示，公众最喜爱的中国球员前五位分别是姚明、易建联、郭艾伦、王治郅、周琦，最喜爱的前五名外国球员分别是科比·布莱恩特、迈克尔·乔丹、勒布朗·詹姆斯、斯蒂芬·库里、阿伦·艾弗森；而青少年最喜爱的中国球员分别是姚明、易建联、郭艾伦、胡明轩、赵睿，最喜爱的外国球员分别是科比·布莱恩特、勒布朗·詹姆斯、迈克尔·乔丹、斯蒂芬·库里、凯里·欧文。从喜爱球员的差异可以看出，公众和青少年的支持球员选择存在差异，球员的运动生涯阶段影响了不同群体的认知度和支持度。

另外，公众喜爱的球队既有 CBA 球队、NBA 球队，也有中国男女篮国家队和 CUBA 球队，以及国内初、高中的校篮球队，而青少年多喜爱 NBA 球队，CBA 球队次之。这意味着公众对国家队和本土球队有较高的支持度。

（4）女性观看篮球赛事和篮球运动的意愿远超于亲身参与篮球

从篮球人口的性别特征来看，18～65 岁的篮球人口中，男性参与比例为 84.4%，女性参与比例是 15.6%，男女性别比在所有球类运动中居首位，可见篮球运动中男性的亲身参与程度远远高于女性。而相较于亲身参与篮球运动，在观看篮球赛事的公众中，男性（74.7%）高于女性（64.2%）；在居住社区/村观看别人打篮球的公众中，女性（71%）则高于男性（62.3%）。女性观看篮球赛事

和篮球运动的比例较大，女性更有可能成为"泛篮球人口"。

11.1.4　学校篮球是青少年获得篮球技术的主要渠道

（1）小学高年级和初中阶段是青少年篮球运动启蒙的高峰期

青少年卷调查结果显示，34.6%的青少年首次接触篮球的年龄在 12～14 岁，25.0%的青少年首次接触篮球的年龄在 9～11 岁；16.6%的青少年首次接触篮球的年龄在 6～8 岁，还有 14.9%的青少年接触篮球的年龄在 15～17 岁。从学龄情况来看，9～14 岁是青少年的小学高年级和初中阶段，学校篮球课程对青少年参与篮球运动具有重要作用。

（2）学校篮球队和篮球社团是中小学生参与篮球活动的重要平台

根据青少年卷调查结果来看，近六成学校有篮球队，四成以上学校有篮球社团。在有篮球队或篮球社团的学校中，超过 1/4 的青少年参加了篮球队或篮球社团。超过七成青少年认为参加学校篮球队是提高自身篮球技能的重要渠道，远远超过自己钻研练习、社会篮球培训机构、职业篮球俱乐部青训、地方篮协组织的训练机构等渠道。学校篮球队和篮球社团对青少年篮球运动参与具有促进作用。

11.1.5　疫情背景下篮球事业发展和篮球消费面临着新挑战和新变化

（1）公众和业内人士对我国篮球事业环境总体评价较好

新冠肺炎疫情背景下，国内体育赛事纷纷暂停或推迟比赛，

CBA在"复工复产"政策号召下，克服诸多困难，严格执行疫情防控的标准，成为国内率先复赛的体育赛事，赢得了业内外和民众的普遍好评和关注。

各方对我国篮球事业发展的评价在此次调查中有所体现。从调查结果来看，不同调查主体对当前我国篮球事业发展的满意度较高。半数以上青少年对我国篮球事业发展整体满意或比较满意，接近七成运动员/特长生表示满意或比较满意，并认为我国篮球比赛总体公平或比较公平。可见目前公众和业内人士对我国篮球事业环境总体评价较好，这有助于我国篮球事业改革的进一步深化。

（2）我国篮球消费结构有待优化，运动时尚服装类是主要消费支出

根据国外体育产业和篮球产业的发展经验，围绕竞赛表演和比赛日所产生的消费和收益是体育产业的核心内容，但是新冠肺炎疫情对国内外体育竞赛表演行业都有较大程度的影响，可实现现场观赛的比赛数量大幅减少，现场观赛难度提升。近一年来，半数公众和青少年没有产生篮球方面的支出，1000元及以下支出占一半以上比例。篮球服装鞋帽类消费是近一年来篮球消费行为的主要支出，有现场观赛、参赛等方面支出的公众和青少年比例较低，这与疫情的特殊环境有很大关系。不过仍有1/10左右的公众和青少年有这方面的支出。篮球培训机构和专业人士可以通过打通虚拟空间与现实空间等手段进一步引导和刺激公众产生篮球核心消费支出，优化篮球消费结构。

11.1.6　青少年篮球培训需求增长，篮球培训行业渐成规模

（1）家长和青少年对篮球技术培训的需求正在增长

从公众卷和青少年卷调查结果来看，专业篮球技术培训受到家长和青少年的青睐，参加过篮球培训机构训练的青少年已经有相当比例。全国大致有3.6%的家庭有篮球培训方面的支出，估计全国篮球培训市场规模在千亿元水平。

（2）部分篮球培训机构已发展为多元业务经营模式的行业综合体，自主品牌赛事开始具有一定影响力

尽管新冠肺炎疫情严重影响了体育培训机构的日常运营，但是篮球运动和培训方面的需求以及体育行业的"复工复产"利好政策，仍然使超过85%的篮球培训机构对市场前景充满信心。大多数篮球培训机构将篮球培训视为教育的一种形式。从培训机构的业务内容来看，篮球培训机构的前三类篮球业务分别是青少年篮球培训、赛事组织和场馆租赁，此外还包括体育用品销售、球员经纪等相关篮球业务。部分篮球培训机构业已形成多元业务经营模式的行业综合体。篮球培训机构的注册资产均值超过200万元，个别达到千万元级别。从竞赛组织与体育竞赛表演业务来看，部分相对成熟的篮球培训机构已经打造出面向全国、分级别的自主青少年篮球赛事，在一定程度上解决了青少年"多练少赛"的问题。

11.1.7　我国公众对篮球运动的主要需求是不同级别与规模的篮球赛事

（1）"小篮球""CUBA"等品牌赛事对青少年的吸引力正在

增加，草根篮球发展初见萌芽

"小篮球"、CUBA、草根篮球等各级各类篮球赛事正在发挥着越来越大的影响力。从公众卷、青少年卷调查结果来看，参加过"小篮球"比赛、校篮球队的青少年已经占一定比例，部分大学拥有自己的CUBA球队，约有五分之一比例的成人和青少年关注草根篮球运动或草根篮球明星自媒体账号。

（2）传统媒体是篮球赛事观赛的主要手段，新媒体具有重要的赛事互动功能

调查结果显示，超六成公众和青少年观看篮球比赛，其中关注度最高的赛事是奥运会及亚运会篮球赛，比例均超过半数。这意味着篮球赛事在公众和青少年群体中具有一定的基础。

目前我国定期举办篮球赛事的城市多以一、二线城市为主，大量中小型城市没有职业俱乐部和职业篮球赛事，加之受新冠肺炎疫情的影响，"赛会制"的比赛形式使公众现场观赛的难度提升。现阶段能够实现现场观赛的公众和青少年的比例已不足两成，81.9%、80.2%的公众和青少年通过电视直播观赛，使用各网络直播源的比例为39.0%和40.7%。另外，29.1%的青少年使用快手、抖音等短视频软件，15.7%的青少年使用虎扑、微博等网络社交软件关注赛事内容并进行互动。这表明目前电视直播仍是观看篮球赛事的主要手段，而新媒体则是青少年参与赛事互动的重要渠道。

11.1.8　篮球运动员/特长生职业发展基本符合预期，运动伤病保障意识和保险知识有待提高

（1）运动员/特长生职业规划较为明确，公众对子女成为篮球

特长生的认同度较高

从调查结果来看，大部分运动员/特长生都认为篮球技术特长能成为其求学、求职的优势条件。超过半数成员选择进入职业/专业篮球道路的重要原因是未来有出路保障和有机会进入更好的学校。同时该群体对未来的职业发展方向较为明确，其中七成运动员/特长生希望从事篮球相关工作。

另外，公众卷调查结果显示，大多数公众愿意其子女成为篮球特长生（78.7%）。部分公众（36.7%）认为在孩子条件满足、渠道顺畅的前提下，可以走职业/专业篮球道路。这反映出篮球运动在公众中的受欢迎程度和支持力度，也从另一维度印证了我国篮球事业发展的主要目标是培养青少年篮球后备人才。

（2）个人职业生涯发展是运动员/特长生参与篮球比赛的重要动机

调查数据显示，运动员/特长生参与比赛的首要目的是"强身健体"，其他依次为"评定运动员等级"、"考试升学需要"、"团队合作"、"成为职业球员"、"为国争光"以及"学校成绩需要"。整体来看，该群体参加篮球比赛主要考虑未来职业发展和升学等现实问题。

（3）运动伤病是运动员面临的主要问题之一，运动伤病保障意识和保险知识较为欠缺

有关运动员/特长生群体的运动伤病程度的调查数据显示，该群体大多数对自身的运动损伤等级较为模糊，其中"未定级"比例是40.0%、"不清楚"比例是48.3%。尽管该群体具有较强的保险意愿（84.1%），但不清楚运动保险应由谁付费，对险种选择也较

为模糊，因此运动员/特长生的伤病保障意识和保险知识亟待提升。

（4）运动员/特长生参与篮球比赛的数量和级别有待提升

调查数据显示，我国运动员/特长生参与篮球赛事比例最高的是全国青少年 U 系列篮球赛事，为 34.1%；其次是民间/草根/社会篮球赛事，比例为 31.2%；其他比赛参与度都低于 11.0%，参与国际篮球赛事的比例不足 1%。这意味着现阶段运动员/特长生参与国际性高水平篮球赛事的机会较少，参赛数量和质量有待提升。

11.2 对我国篮球运动发展的若干建议

11.2.1 针对不同群体特征制订精准方案，扩大篮球人口规模

（1）鼓励青少年尽早接触篮球运动，在比赛中培养篮球兴趣

调查结果显示，目前我国青少年群体初次接触篮球的年龄阶段主要集中在 12～14 岁，而体育教育理论认为，12 岁以前形成体育运动习惯有利于其成为终身体育人口。因此，本书建议将初次接触篮球的阶段前移 2 年，即在 10～12 岁的小学高年级阶段，通过校园篮球、体教融合等政策举措，更主动、积极地提高青少年的篮球运动参与热情，以促进青少年成为稳定的核心篮球人口。

目前体育培训行业的快速发展催生出如冰球、棒球、马术、击剑等新兴体育培训项目。这些项目虽然满足了我国不同阶层家庭的体育技能需要，但多易受场地、季节、器材等因素的限制，且参与训练和参加比赛的经济门槛较高。而篮球运动对场地要求较低、消费相比较低，可以成为青少年中普及的体育项目。我国应

充分重视篮球作为集体项目全方位培养青少年健康身心和健全人格的功能，将篮球运动视为青少年基础性的体育活动，扩大篮球运动在青少年群体中的覆盖面。

针对青少年普遍反映的比赛数量不足、高水平比赛参与有限的情况，我国应设计更多面向普通青少年的篮球比赛，动员基层篮球协会和学校组织班级赛、年级赛、校内赛，跨校间可以组织校际赛，让青少年在篮球比赛中培养兴趣、提高技术、锤炼人格。

（2）延长中青年群体的篮球运动年龄，并鼓励其更多地参与家庭篮球和亲子篮球

中青年群体参与篮球运动的主要掣肘是运动时间和精力有限，对此可研发便于预约有效场地的篮球智能手机 App 或微信小程序，方便其触达周边的社区篮球场地（馆）和商业篮球场地（馆），使其在工作之余能够相对便捷地参与篮球运动，发挥篮球的社交功能。

此外，应注重篮球运动对家庭健康亲子关系的影响，鼓励中青年群体更多地亲身参与篮球运动并带动子女参与，让他们可以以不同身份和角色持续参与篮球运动。调查结果显示，家长对子女的篮球参与、篮球培训的支持程度较高，部分家长也是核心篮球人口和资深球迷，这些利好因素有助于家长将自身的篮球偏好和兴趣以行为示范的方式传递给子女，从而培养下一代篮球人口。在家庭篮球中，家长与子女的篮球互动本身就是一种良好的体育教育和家庭教育。同时，子女参加篮球运动可以重燃家长的体育参与热情，实现家庭成员间体育运动的双向影响，这有利于健康生活方式的形成和良好家风的塑造。此外，应在篮球场（馆）附

近增设亲子活动场所，营造更加友好的亲子互动氛围。

（3）利用多种渠道吸引女性参与篮球运动

随着女性经济发展、性别平等化浪潮等多种因素的叠加，女性在体育人口中的比例将逐渐提升。然而就本次调查中女性篮球运动的参与情况来看，目前该群体亲身参与篮球运动的比例较低，参加篮球运动的意愿也较低。对此，可以在符合篮球项目运动规律的前提下，参照小篮球运动的项目规则和器材调整的成功先例，研发适合女性参与的篮球运动比赛规则和组织形式，让女性由间接观看篮球赛事转变为直接参与篮球运动。同时，对于部分个人参与兴趣不足的女性，可以通过陪伴家人、朋友参赛的方式以及篮球动漫、篮球综艺节目、篮球短视频等传播手段吸引她们观看篮球运动，培养其成为"泛篮球人口"。

11.2.2　营造"体育＋社交"的多功能篮球社区

（1）打造"线上＋线下"篮球社区，发挥篮球运动的社交功能

线下篮球社区既能满足公众身心健康的需求，又能维持篮球人口数量和运动频率。而疫情期间，线上体育场景发挥着越来越重要的功能，成为互联网时代的新兴体育资源。因此，应打造线上、线下互动的立体化篮球社区，它既包括线下公众共同参与的活动场所，也包括线上社区成员的互动场所。建议以公众居住的村庄和社区为单位，通过地方篮协或体育部门组织和公众自建组织，以微信群、论坛等形式吸纳居住地具有共同篮球爱好的公众加入，分享篮球信息、技术和资源，组织社区成员开展训练、组队

比赛、观赛等活动，并在活动中促进社区良好人际关系的形成。

（2）提高社区篮球普及程度，促进基层公众的篮球参与行为

受地域差异、经济差异、城乡差异等因素的影响，我国基层篮球呈现不均衡发展状态。总体来看，我国城镇篮球场地相对充裕、设施健全，更有利于社区篮球的开展；城市面临场地紧张和距离较远的问题，特别是一、二线城市，缺乏可便捷使用的场地（馆）是影响公众参与篮球运动的主要问题；而农村篮球发展面临场地未能得到充分利用、缺少篮球技术指导和赛事组织不足等方面问题。因此，应结合各区域的特点，有针对性地培养公众的篮球兴趣；应与地方政府部门合作，在修建、修缮农村篮球场地的同时，增加对篮球运动的技术指导和赛事组织活动，帮助、鼓励和引导公众参与篮球运动和篮球赛事。

11.2.3 构建本土篮球赛事体系，推动篮球赛事下沉

（1）扩大举办职业篮球赛事的区域覆盖面，挖掘观赏性篮球赛事的多元价值

目前举办 CBA、WCBA、NBL 联赛的城市和省份多集中在东部沿海地区和一、二线城市，加之受新冠肺炎疫情影响，从防疫安全和赛事风险角度考虑，跨城市甚至跨省份办赛的难度颇大。因此，可以考虑在竞赛表演业基本恢复后，将季前赛、全明星赛放到缺少职业篮球赛事的城市或省份举办，探讨常规赛或季后赛实行多主场举办的可能性。三人篮球赛事是近年来发展速度较快的比赛形式，鉴于三、四线城市普遍缺少高水平的体育赛事和篮球赛事，且公众观赛热情较高，可通过举办城市巡回赛、区域巡回赛等形式将篮

球赛事下沉，激发更广大公众的赛事观看和参与热情。

（2）完善校园篮球赛事体系的层级和规模，打通赛事晋级通道

我国中学与大学的校园篮球联赛虽然经过一段时间的发展，但仍存在不同程度的发展困境，如中学校园联赛普及性较弱、参赛球队实力差异过大，导致参赛球队的学校往往较为固定，多数普通学校参赛意愿不强，进一步影响了联赛的发展。大学校园篮球联赛（CUBA）虽已分级别办赛，但分级标准是学生球员的学历和特长生身份，存在赛事级别的壁垒，缺乏赛事晋级通道，且多数在校学生对本校CUBA球队的认知度不高。因此，应创新赛事晋级规则，以多层次选拔赛、赛会制的形式让更多中学球队参与校园篮球赛事，吸引更多具有高水平篮球技能的普通大学生加入CUBA球队；对于低级别但表现较好的球队，可通过给予晋级名额或特邀参赛的形式，来为其创造更多的参赛机会，或将其升入更高一级的赛事中来。

（3）鼓励发展业余篮球的城市赛、省级赛，提高草根篮球赛事的普及度与专业水平

调查结果显示，我国一般篮球人口具有相当程度的篮球参赛需求和意愿，但缺乏适合的赛事平台。因此，篮球运动参与者多自发进行篮球锻炼，辅以参加同学、朋友或单位内的比赛。为鼓励篮球人口的参赛行为，可以探索地方篮协与地方政府部门、其他社会组织、社区（农村）合作，降低赛事报名门槛，在疫情防控和购买运动意外伤害保险的条件下，选择合适的篮球场（馆），吸引区域内更多公众自愿组队参与村（居委会）、乡镇（街道）、区和城市篮球赛，成绩较好的球队可以参加省级赛。在业余篮球

赛事发展到一定规模的情况下，可以创造性地开启具有本土影响力、针对业余球队的全国性篮球赛事。

11.2.4 促进国内篮球产业和篮球消费的内生发展，促进地域文化与篮球文化相呼应

（1）促进国内篮球产业的内生发展，挖掘本土篮球赛事的产业价值

"双循环"新发展格局对我国体育产业的增长方式提出了新要求。篮球产业作为我国体育产业中兼具活力和竞争力的产业形态，正面临着内外环境的严峻挑战：外部挑战主要来自全球疫情形势带来的逆全球化趋势；内部调整在于国内疫情防控常态化条件下篮球赛事和篮球活动的举办均面临着不同程度的影响。对此，应注重推动篮球竞赛表演业、篮球培训行业、篮球用品制造业的全面升级，应用数字体育、大数据、人工智能等科学技术，对本土篮球赛事特别是 CBA、WCBA 等职业赛事的产业价值进行深入挖掘，以适应当前篮球产业发展的需要。

（2）鼓励民众多种形式的篮球消费，以篮球参与带动篮球消费

疫情防控常态化下，篮球比赛的现场观赛具有一定困难和风险，使门票收入严重萎缩，但是赛事赞助、转播有了新的增长契机。对于民众来说，4K 转播、5G 时代等技术革新给赛事观赏带来了全新体验，他们更愿意以升级消费的形式来弥补不能现场观赛的遗憾。对此，应对民众的观赛需求进行精准调研，以提供有针对性的服务。同时，为了提高民众的身体素质，增强抗击疫情的信心，应呼吁民众积极参与篮球运动，进而激发篮球消费的潜力。

（3）注重塑造本土篮球文化，促进其与地域文化和城市文化相呼应

不同级别和规模的篮球赛事可以与所在区域的地域文化和城市文化相呼应，以积极向上的地域符号和城市形象来体现独具特色的赛事和球队文化，将俱乐部的篮球文化建设融入城市荣耀体系建设中，增强所在城市和社区的凝聚力和自豪感，形成城市和省份的体育名片，并形成基于体育精神的具有中国特色的中国篮球文化。

11.2.5 注重篮球运动空间的扩展，促进虚拟空间与现实空间篮球活动的整合

（1）及时了解公众健身方式和篮球行为的转变

新冠肺炎疫情给我国公众的生活方式带来了巨大影响，公众健康意识增强，日益重视体育运动在提高个人免疫力方面的作用，但"少聚集、不扎堆"的防疫原则也直接影响到公众参与篮球运动的次数和频率。出于健康和安全的考虑，熟人结队和小规模聚集观看和参与篮球运动的方式逐渐增多，这种方式有利于家庭篮球和社区篮球的开展。

（2）引领篮球人口走进多元篮球运动场景

近年来，随着互联网对篮球行业的影响，部分公众已不再局限于现实场景的篮球活动，而是乐于体验和参与数字化篮球场景。多元篮球运动场景不仅仅包括传统意义上的篮球场（馆）和形式多样、趣味横生的篮球运动体验馆、篮球主题公园、篮球乐园等其他线下空间，也包括 VR 篮球、篮球体感游戏、篮球手游等打通

线上线下空间的活动方式，以及腾讯、优酷、咪咕等视频播放平台。多元篮球运动场景可以与娱乐、综艺等内容结合制作，吸引青少年的关注并产生更多线上和线下篮球活动，这一方面提升了篮球人口的黏度和活跃度，另一方面提升了篮球消费的质量和频率。因此，应对现有篮球资源进行整合和多维度提升，创造多元篮球运动场景，并以虚拟篮球空间的人际互动带动现实篮球空间的运动行为。

11.2.6　重视篮球运动在增强民族凝聚力方面的作用，发挥篮球公益效能，使发展篮球运动与培育集体性社会资本相互促进

（1）宣传中国篮球历史文化，打造篮球全行业从业者的名人堂

篮球项目传入中国已有百余年历史，我国篮球事业涌现出众多篮球人物，除了优秀球员、教练员之外，大量为篮球事业发展做出突出贡献的各领域人物都应被铭记。应打造包括媒体从业人员、基层教练、残障运动员等篮球全行业从业者的名人堂，激励更多青少年参与篮球运动，树立"重在参与、积极奉献"的体育精神，"让平凡伟大"。

（2）倡导服务篮球赛事的志愿行为与文化

调查结果显示，无论是青少年群体，还是公众、运动员/特长生，都表达了强烈的志愿活动参与意愿。志愿精神在中国社会逐渐扎根，需要更多平台为其提供机会和指导，而篮球运动强调的团结协作、勇敢拼搏精神与志愿精神具有内在一致性。因此，应倡导服务各级篮球赛事的志愿行为与文化，如青少年志愿者引导观众入座，运动员/特长生参与赛事宣传等志愿活动等。

（3）利用多媒体渠道讲好中国人的篮球故事

国家对篮球运动的需求不仅仅在于突出的大赛成绩，也在于通过篮球赛事增强民族凝聚力和国家荣誉感，而这也联结着公众的国家认同需求。除了提高篮球运动的大赛成绩外，还应注重利用多媒体渠道讲好中国人的篮球故事。这既包括篮球明星、运动员和教练员的故事，也包括公众日常生活中的篮球故事。另外，还要关注特殊群体的篮球故事，挖掘身边的篮球人物，应注重利用多媒体渠道，探索传统媒体与新媒体的融合，讲好中国人的篮球故事。

（4）将培育集体性社会资本作为篮球运动发展规划的内容之一

体育运动与集体性社会资本具有密切的关系。体育运动有助于集体性社会资本的构建，同时集体性社会资本是构成体育运动的重要社会基础，有助于体育运动的开展。从调查结果来看，篮球运动在诸多体育运动形式中的跨社区性最强，是最具构建集体性社会资本的体育运动形式。在体育政策与社会资本方面，一些发达国家已经将社会资本概念及相关内容纳入体育政策制定和实施之中。[1]借助篮球运动发展规划的契机，在制定与实施体育规划和体育政策的过程中，应充分考虑体育运动与集体性社会资本的关系，将培育集体性社会资本作为篮球运动发展规划的内容之一。具体措施包括创新大众篮球发展理念、善用网络纽带提升不同主体的参与水平、创新组织机制加强社区篮球组织建设、积极推动

---

① 赵溢洋、陈蕾：《体育运动的社会和人力资本功能对随迁子女城市融入的影响——共变关系的调节与远端中介效应》，《体育科学》2014 年第 4 期。

篮球公益事业发展、利用社交媒体技术打造和维护篮球社区等。

11.2.7 重视在（退）役运动员的保险和保障需求，以运动员专项保险来规避参赛风险和保障个人权利

篮球运动员是我国篮球事业发展的重要无形资产。部分优秀篮球运动员因良好的运动表现和商业价值，退役后的生活和就业问题能够得到妥善解决，但仍有大量普通运动员要考虑退役安置问题和伤病保障问题。近年来，尽管运动员退役安置问题不断有新的举措和办法，但在实践环节仍会出现低效、滞后甚至争议纠纷的问题。目前，CBA 联盟推出的球员标准合同创造性地引入商业保险，由球员、球队和联盟三方出资，在很大程度上解决了合同期运动员的伤病保障问题。该商业保险推广的难度虽然较大，但具有一定的示范作用和借鉴意义。运动员的权利保障问题尤其是退役保障问题重要且复杂，可以尝试与体育基金会、职业联盟、社会机构、教育部门等协商合作，设立篮球运动员退役安置办公室等部门或开展就业推介会等活动，并通过扩大篮球市场就业机会来促进退役运动员就业，形成有效的人才流动机制，让退役运动员拥有的篮球技术和比赛经历成为重要的职业资本。由此既可以解决我国篮球运动缺乏专业指导的问题，也可以缓解运动员在役期间的伤病之忧和退役之后的职业发展困境。此外，还应根据篮球运动员的职业特点以及篮球赛事的特点，与商业保险公司协商设计保险种类，使运动员敢打敢拼、病有所医、伤有所养。

综上，本书基于问卷调查和深度访谈获得的大量数据和资料，对我国篮球人口的数量、分布、结构和特征进行了描述，对我国

公众、青少年、运动员/特长生、专业机构和业内人士的篮球运动多元化价值认知进行了分析，详细地整理和总结了我国公众和青少年对篮球运动的发展需求，并对此提出建议。希望有关我国篮球运动的基础性数据和研究成果能够为篮球运动健康和可持续发展提供帮助。

附　录

1. 数据加权及样本分布情况

1.1　在线样本库调查——公众（加权）

表 1　在线样本库被访者区域总体及样本比例

单位：%

	样本	总体	加权
东北地区	8.6	8.1	10.6
华北沿海	15.6	15.3	16.8
黄河中游地区	14.1	14.3	15.7
华东沿海	11.3	11.6	10.2
华南沿海	11.8	11.4	10.9
长江中游地区	16.5	17.0	15.6
西北地区	4.7	4.6	5.3
西南地区	17.4	17.9	14.8

表 2　在线样本库被访者年龄总体及样本比例

单位：%

	样本	总体	加权
18 岁以下	5.1	4.4	5.0
18～25 岁	20.2	15.9	21.7
26～30 岁	19.9	12.1	12.3
31～40 岁	24.8	19.9	10.5
41～50 岁	14.8	24.3	27.4
51～60 岁	10.0	17.4	18.0
60 岁以上	5.1	6.1	5.2

表 3　在线样本库被访者城乡总体及样本比例

单位：%

	样本	总体	加权
城市	65.1	35.0	34.2
城镇	15.2	23.6	27.9
乡村	19.8	41.4	37.9

表 4　在线样本库被访者性别总体及样本比例

单位：%

	样本	总体	加权
男	48.4	51.1	48.6
女	51.6	49.0	51.4

表 5　在线样本库被访者文化程度总体及样本比例

单位：%

	样本	总体	加权
小学及以下	0.5	20.2	3.8

	样本	总体	加权
初中	5.1	43.3	34.0
高中	11.2	15.0	25.5
中职	15.6	5.0	8.5
大专	22.0	8.4	14.4
本科	42.4	7.4	12.5
研究生及以上	3.2	0.7	1.3

1.2　在线样本库调查——子女（6～17岁）（加权）

表6　在线样本库被访者子女区域总体及样本比例

单位：%

	样本	总体	加权
东北地区	8.9	5.7	5.7
华北沿海	15.5	14.3	14.3
黄河中游地区	16.0	15.7	15.7
华东沿海	11.5	8.4	8.4
华南沿海	12.4	11.1	11.1
长江中游地区	13.0	18.5	18.5
西北地区	5.4	5.3	5.3
西南地区	17.4	21.1	21.1

表7　在线样本库被访者子女年龄总体及样本比例

单位：%

	样本	总体	加权
6～8岁	32.4	26.6	26.6
9～11岁	27.8	25.5	25.5
12～14岁	18.8	23.3	23.3
15～17岁	21.1	24.7	24.7

表 8　在线样本库被访者子女城乡总体及样本比例

单位：%

	样本	总体	加权
城市	61.5	23.4	23.4
城镇	17.5	23.6	23.6
乡村	21.0	53.0	53.0

表 9　在线样本库被访者子女性别总体及样本比例

单位：%

	样本	总体	加权
男	57.3	54.4	54.4
女	42.7	45.6	45.6

表 10　在线样本库被访者子女文化程度总体及样本比例

单位：%

	样本	总体	加权
本科及以上	0.4	0.2	0.2
初中	18.6	27.7	27.7
大专	0.5	0.6	0.6
高中	13.1	12.1	12.1
小学及以下	65.0	56.7	56.7
中职	2.5	2.7	2.7

1.3　在线样本库调查——被访者 + 子女（6～65岁）（加权）

表 11　在线样本库被访者 + 子女整体区域总体及样本比例

单位：%

	样本	总体	加权
东北地区	8.7	5.7	5.7

续表

	样本	总体	加权
华北沿海	15.6	14.3	14.3
黄河中游地区	14.5	15.7	15.7
华东沿海	11.4	8.4	8.4
华南沿海	12.0	11.1	11.1
长江中游地区	15.7	18.5	18.5
西北地区	4.8	5.3	5.3
西南地区	17.4	21.1	21.1

表 12　在线样本库被访者 + 子女整体年龄总体及样本比例

单位：%

	样本	总体	加权
6~8 岁	7.2	4.3	5.6
9~11 岁	6.2	4.2	5.4
12~14 岁	4.2	3.8	4.9
15~17 岁	4.7	4.0	5.2
18~25 岁	16.5	14.5	16.9
26~30 岁	16.3	11.0	10.8
31~40 岁	20.3	18.6	13.9
41~50 岁	12.1	20.1	19.8
51~60 岁	8.2	14.7	14.0
60 岁以上	4.2	4.7	3.7

表 13　在线样本库被访者 + 子女整体城乡总体及样本比例

单位：%

	样本	总体	加权
城市	64.3	34.7	34.9
城镇	15.7	22.2	23.2
乡村	20.0	43.1	41.9

表14　在线样本库被访 + 子女者整体性别总体及样本比例

单位：%

	样本	总体	加权
男	50.3	50.0	53.6
女	49.7	50.0	46.4

表15　在线样本库被访者子女文化程度总体及样本比例

单位：%

	样本	总体	加权
本科及以上	37.3	7.7	12.3
初中	7.2	44.3	30.2
大专	18.0	8.0	12.8
高中	9.9	14.2	22.8
小学及以下	14.8	21.1	14.4
中职	12.8	4.7	7.6

1.4　公众卷调查（加权）

表16　公众被访者区域总体及样本比例

单位：%

	样本	总体	加权
黄河中游地区	6.1	14.3	14.3
华北沿海	21.5	15.3	15.3
东北地区	6.5	8.1	8.1
华南沿海	25.5	11.4	11.4
华东沿海	4.9	11.6	11.6
长江中游地区	24.2	17.0	17.0
西北地区	4.5	4.6	4.6
西南地区	6.7	17.9	17.9

表 17　公众被访者年龄总体及样本比例

单位：%

	样本	总体	加权
18 岁以下	8.7	4.4	4.4
18～25 岁	15.7	15.9	15.9
26～30 岁	15.3	12.1	12.1
31～40 岁	41.2	19.9	19.9
41～50 岁	15.7	24.3	24.3
51～60 岁	2.8	17.4	17.4
60 岁以上	0.6	6.1	6.1

表 18　公众被访者城乡总体及样本比例

单位：%

	样本	总体	加权
城市	71.4	35.0	35.0
城镇	12.1	23.6	23.6
乡村	16.5	41.4	41.4

表 19　公众被访者性别总体及样本比例

单位：%

	样本	总体	加权
男	56.6	51.1	51.1
女	43.4	49.0	49.0

表 20　公众被访者文化程度总体及样本比例

单位：%

	样本	总体	加权
小学及以下	7.4	20.2	20.2

	样本	总体	加权
初中	20.0	43.3	43.3
高中	8.5	15.0	15.0
中职	8.3	5.0	5.0
大专	14.0	8.4	8.4
本科	31.9	7.4	7.4
研究生及以上	10.0	0.7	0.7

表 21　公众是否打篮球总体及样本比例

单位：%

	样本	总体	加权
不打篮球	52.1	90.5	90.5
打篮球	47.9	9.5	9.5

表 22　公众是否专业人士总体及样本比例

单位：%

	样本	总体	加权
专业人士	30.6	10.0	10.0
非专业人士	69.4	90.0	90.0

1.5　青少年卷调查（加权）

表 23　青少年被访者区域总体及样本比例

单位：%

	样本	总体	加权
华北沿海	10.6	14.0	14.0
东北地区	3.7	6.1	6.1

	样本	总体	加权
西北地区	6.1	5.3	5.3
黄河中游地区	5.3	15.5	15.5
华东沿海	8.9	9.4	9.4
西南地区	6.5	20.1	20.1
长江中游地区	20.1	17.7	17.7
华南沿海	38.9	12.1	12.1

表 24 青少年被访者年龄总体及样本比例

单位：%

	样本	总体	加权
10 岁以下	3.5	10.7	10.7
10～11 岁	5.6	10.8	10.8
12～13 岁	14.5	9.9	9.9
13～14 岁	27.6	5.3	5.3
15～16 岁	18.2	4.9	4.9
16～17 岁	8.5	11.1	11.1
18 岁以上	22.1	47.4	47.4

表 25 青少年被访者城乡总体及样本比例

单位：%

	样本	总体	加权
城市	65.3	31.0	31.0
城镇	15.1	22.8	22.8
乡村	19.6	46.3	46.3

表 26　青少年被访者性别总体及样本比例

单位：%

	样本	总体	加权
男	59.1	53.4	53.4
女	40.9	46.7	46.7

表 27　青少年被访者文化程度总体及样本比例

单位：%

	样本	总体	加权
小学	13.9	26.0	26.0
初中	51.7	31.8	31.8
高中	5.5	16.9	16.9
中职	10.2	5.6	5.6
大专	4.4	9.2	9.2
本科及以上	14.3	10.5	10.5

表 28　青少年是否打篮球总体及样本比例

单位：%

	样本	总体	加权
不打篮球	36.5	82.1	82.1
打篮球	63.5	17.9	17.9

表 29　青少年是否专业人士总体及样本比例

单位：%

	样本	总体	加权
专业人士	20.3	15.5	15.5
非专业人士	79.8	84.5	84.5

1.6 运动员/特长生卷调查

表30 运动员/特长生身份类型

单位：%

	频次	频率	累计频率
职业篮球运动员	112	6.5	6.5
专业篮球运动员	119	6.9	13.4
兼是选项1和2的身份	34	2.0	15.4
业余篮球运动员	90	5.2	20.6
体校学生（篮球项目）	642	37.2	57.8
体育类院校篮球专项生	328	19.0	76.8
普通学校篮球特长生	400	23.2	100.0
总计	1725	100.0	

表31 运动员/特长生运动技术等级

单位：%

	频次	频率	累计频率
国际级运动健将	9	0.5	0.5
运动健将	53	3.1	3.6
一级运动员	158	9.2	12.8
二级运动员	445	25.8	38.6
三级运动员	39	2.3	40.8
暂未评级	1021	59.2	100.0
总计	1725	100.0	

表32 运动员/特长生开始篮球运动年份

单位：%

	频次	频率	累计频率
2000年之前	32	1.9	1.9

	频次	频率	累计频率
2010~2010 年	267	15.5	17.4
2010~2015 年	559	32.5	49.9
2015 年之后	862	50.1	100.0
总计	1720	100.0	

表 33　运动员/特长生所属区域

单位：%

	频次	频率	累计频率
东北地区	135	7.8	7.8
华东沿海	273	15.8	23.7
华北沿海	417	24.2	47.8
华南沿海	150	8.7	56.5
西北地区	285	16.5	73.0
西南地区	158	9.2	82.2
长江中游地区	174	10.1	92.3
黄河中游地区	133	7.7	100.0
总计	1725	100.0	

表 34　运动员/特长生居住地类型

单位：%

	频次	频率	累计频率
城市	1464	84.9	84.9
城镇	114	6.6	91.5
乡村	147	8.5	100.0
总计	1725	100.0	

表 35 运动员/特长生性别

单位：%

	频次	频率	累计频率
男	1178	68.3	68.3
女	547	31.7	100.0
总计	1725	100.0	

表 36 运动员/特长生年龄

单位：%

	频次	频率	累计频率
12 岁以下	108	6.3	6.3
12～17 岁	872	50.6	56.8
18～22 岁	493	28.6	85.4
23～25 岁	135	7.8	93.2
26～30 岁	44	2.6	95.8
31～40 岁	53	3.1	98.8
41～50 岁	19	1.1	99.9
51～60 岁	1	0.1	100.0
总计	1725	100.0	

表 37 运动员/特长生文化程度

单位：%

	频次	频率	累计频率
小学及以下	104	6.0	6.0
初中	387	22.4	28.5
高中	297	17.2	45.7
中专	224	13.0	58.7
职高/技校	54	3.1	61.8
大专	103	6.0	67.8

	频次	频率	累计频率
自考本科	14	0.8	68.6
本科	474	27.5	96.1
研究生	64	3.7	99.8
博士	4	0.2	100.0
总计	1725	100.0	

1.7　业内人士卷调查

表38　业内人士身份类型

单位：%

	频次	频率	累计频率
体育行政管理部门工作人员	84	3.3	3.3
职业/专业篮球运动员	52	2.0	5.3
篮球相关咨询管理机构同行专家	11	0.4	5.7
体育运动科学研究人员	22	0.9	6.6
篮协/地方篮协工作人员	81	3.1	9.7
体育社会组织工作人员	24	0.9	10.6
基金会体/彩公益金从业人员	1	0.0	10.7
专业篮球教练	303	11.8	22.4
专业篮球裁判员	101	3.9	26.3
兼职篮球教练	118	4.6	30.9
兼职篮球裁判员	330	12.8	43.7
体育经纪人	8	0.3	44.0
体校从业者	46	1.8	45.8
体育职业技术学院/体育专业从业者	51	2.0	47.8
职业篮球俱乐部从业者	34	1.3	49.1
社会体育训练机构工作人员	37	1.4	50.6

续表

	频次	频率	累计频率
中小学体育教师	752	29.2	79.7
大学体育课教师	304	11.8	91.5
体育产业从业者	82	3.2	94.7
相关产业从业者	10	0.4	95.1
体育媒体从业者	61	2.4	97.5
其他相关专业/行业职业从业者	65	2.5	100.0
总计	2577	100.0	

表39　业内人士兼职还是专职

单位：%

	频次	频率	累计频率
专职	1779	69.0	69.0
兼职	798	31.0	100.0
总计	2577	100.0	

表40　业内人士性别

单位：%

	频次	频率	累计频率
男	2144	83.2	83.2
女	433	16.8	100.0
总计	2577	100.0	

表41　业内人士年龄

单位：%

	频次	频率	累计频率
18岁以下	26	1.0	1.0

	频次	频率	累计频率
18～25 岁	463	18.0	19.0
26～30 岁	530	20.6	39.5
31～40 岁	962	37.3	76.9
41～50 岁	470	18.2	95.1
51～60 岁	109	4.2	99.3
60 岁以上	17	0.7	100.0
总计	2577	100.0	

表 42　业内人士文化程度

单位：%

	频次	频率	累计频率
小学及以下	5	0.2	0.2
初中	14	0.5	0.7
高中	36	1.4	2.1
中专	17	0.7	2.8
职高/技校	10	0.4	3.2
大专	269	10.4	13.6
自考本科	84	3.3	16.9
本科	1569	60.9	77.8
研究生	527	20.5	98.2
博士	46	1.8	100.0
总计	2577	100.0	

表 43　所属区域

单位：%

	频次	频率	累计频率
东北地区	165	6.4	6.4

续表

	频次	频率	累计频率
华东沿海	474	18.4	24.8
华北沿海	561	21.8	46.6
华南沿海	178	6.9	53.5
海外	1	0.0	53.5
西北地区	238	9.2	62.7
西南地区	395	15.3	78.1
长江中游地区	303	11.8	89.8
黄河中游地区	262	10.2	100.0
总计	2577	100.0	

表 44   业内人士职业

单位：%

	频次	频率	累计频率
单位负责人	153	5.9	5.9
专业技术人员	1121	43.5	49.4
单位职员/办事人员	549	21.3	70.7
私营业主	35	1.4	72.1
个体经营者	66	2.6	74.7
商业/服务业人员	32	1.2	75.9
农林牧渔业人员	2	0.1	76.0
产业工人	19	0.7	76.7
非政府组织工作人员	19	0.7	77.5
军人/警察	55	2.1	79.6
自由职业者	87	3.4	83.0
在家（如家庭主妇）	4	0.2	83.1
在校学生	253	9.8	92.9
其他	182	7.1	100.0
总计	2577	100.0	

表 45　业内人士单位性质

单位：%

	频次	频率	累计频率
党政机关	170	6.6	6.6
国有及国有控股企业	124	4.8	11.4
国有/集体事业单位	1361	52.8	64.2
集体企业	45	1.7	66.0
民办非企业单位	105	4.1	70.0
个体工商户	93	3.6	73.7
私/民营企业	276	10.7	84.4
外资/合资企业	19	0.7	85.1
人民团体（工、青、妇）	8	0.3	85.4
协会/行会/基金会/NGO 等社会团体或社会组织	45	1.7	87.2
军队	32	1.2	88.4
其他	178	6.9	95.3
无单位/不适用	121	4.7	100.0
总计	2577	100.0	

表 46　业内人士职位

单位：%

	频次	频率	累计频率
高层管理人员	171	6.6	6.6
中层管理人员	361	14.0	20.6
基层管理人员	211	8.2	28.8
专业技术人员	1044	40.5	69.3
半专业人员	29	1.1	70.5
文员或秘书	13	0.5	71.0
普通员工	493	19.1	90.1
其他	111	4.3	94.4

续表

	频次	频率	累计频率
无单位/不适用	144	5.6	100.0
总计	2577	100.0	

表 47　业内人士工作地类型

单位：%

	频次	频率	累计频率
城市	2338	90.7	90.7
城镇	151	5.9	96.6
乡村	88	3.4	100.0
总计	2577	100.0	

1.8　篮协系统卷调查

表 48　篮协系统机构类型

单位：%

	频次	频率	累计频率
各地、各级、各行业篮球协会	129	82.2	82.2
各地、各级、各行业有篮球项目的体育协会	6	3.8	86.0
单位/机构/学校内部篮球协会	22	14.0	100.0
总计	157	100.0	

表 49　篮协系统所属区域

单位：%

	频次	频率	累计频率
东北地区	6	3.8	3.8
华东沿海	16	10.2	14.0

	频次	频率	累计频率
华北沿海	17	10.8	24.8
华南沿海	7	4.5	29.3
西北地区	33	21.0	50.3
西南地区	43	27.4	77.7
长江中游地区	18	11.5	89.2
黄河中游地区	17	10.8	100.0
总计	157	100.0	

表 50　篮协系统协会级别

单位：%

	频次	频率	累计频率
全国性	6	3.8	3.8
省一级（省、自治区、直辖市）	19	12.1	15.9
计划单列市级	4	2.5	18.5
地市级（地级市、州、盟）	56	35.7	54.1
县级	61	38.9	93.0
乡镇/街道级	4	2.5	95.5
不适用	7	4.5	100.0
总计	157	100.0	

1.9　专业机构卷调查

表 51　专业机构类型

单位：%

	频次	频率	累计频率
社会篮球训练机构	204	79.1	79.1
职业篮球俱乐部	13	5.0	84.1

续表

	频次	频率	累计频率
其他体育产业公司	32	12.4	96.5
相关赞助企业	2	0.8	97.3
对篮球发展感兴趣的实业单位	7	2.7	100.0
总计	258	100.0	

表 52　专业机构属性

单位：%

	频次	频率	累计频率
事业单位	16	6.2	6.2
社会团体	26	10.1	16.3
民办非企业	38	14.7	31.0
国有企业	2	0.8	31.8
民营企业	132	51.2	82.9
个体户	44	17.1	100.0
总计	258	100.0	

表 53　专业机构是否有行政级别

单位：%

	频次	频率	累计频率
有	49	19.0	19.0
没有	209	81.0	100.0
总计	258	100.0	

表 54　专业机构所属区域

单位：%

	频次	频率	累计频率
东北地区	21	8.1	8.1

	频次	频率	累计频率
华东沿海	79	30.6	38.8
华北沿海	52	20.2	58.9
华南沿海	20	7.8	66.7
西北地区	15	5.8	72.5
西南地区	19	7.4	79.8
长江中游地区	28	10.9	90.7
黄河中游地区	24	9.3	100.0
总计	258	100.0	

2. 其他相关图表

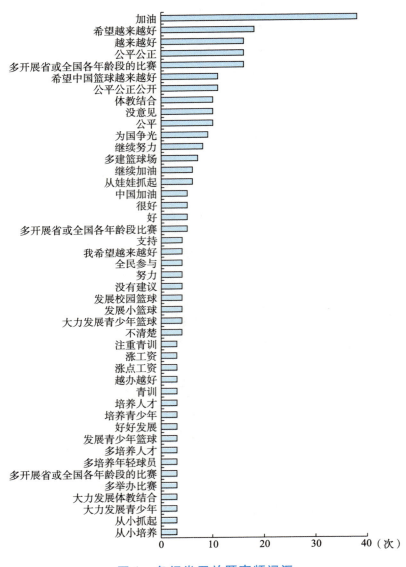

图 1　各问卷开放题高频词汇

后　记

　　2020年是极为不平凡的一年。新冠肺炎疫情突袭而至，牵动着亿万国人的心绪，也深刻影响着中国体育和中国篮球的发展进程。面对这种特殊的局面，在这一年，中国篮球协会克服种种困难，成功举办各项比赛，起到了鼓舞人心的积极作用。在这样的背景下，为完成"十四五"篮球规划，中国篮球协会拟定了若干议题并开展深入研究。其中，"中国篮球运动多元价值的社会认知"课题的目标是通过全面准确地了解各方需求，把握中国篮球发展的脉搏，为科学合理地制定"十四五"篮球事业发展规划提供依据。

　　为完成此次课题研究，受中国篮球协会委托，我们组建了复合型研究团队：中国篮球协会曹燕飞担任课题组组长，统筹课题项目管理、组织联络等各项工作；北京体育大学孙湛宁副教授主要负责研究的框架设计和理论分析；中央民族大学毕向阳副教授主要负责调查方案的设计、问卷上线和数据分析。作为本书的主要执笔人，两位老师分别承担了主体部分和方法介绍/篮球人口分析部分的撰写工作，并进行了统稿工作。北京体育大学博士研究生胡博然承担了调查组织协调、报告编辑等工作。组员中国篮协会会员发展部纪泓序、三人篮球部姜冠对课题的调研工作提出了非常重要的建议，并撰写了内部研究报告部分章节，包括篮协改革、地方篮协、三人篮球等主题。全体课题组成员参与了课题讨论、问卷设计、调查测试与执行、课题汇报等工作。曹燕飞、孙湛宁、毕向阳、胡博然多次对相关专业人士进行访谈。北京体育大学硕士研究生冯文莱、王姣、王垚、康娟、文一帆、徐浩、张雪梅、王菁、梁颖茹、桑晓、王子涵、龙芙瑶等承担了问卷审核、奖品发放、访谈记录校对、对数据结果进行初步解读整理等工作。

需要说明的是，虽然本课题受中国篮球协会委托，为了贴合篮协"十四五"规划实际需求并充分考虑篮球运动的专业性，课题组成员构成中篮协工作人员占半数，但本课题完全由北京体育大学中国体育政策研究院、北京群学城乡社区发展研究院负责具体执行，篮协人员参与课题讨论、问卷拟定等工作，不介入调查研究的具体过程，所有调查执行、数据分析、结果解读、内容撰写等环节均由第三方机构、非篮协课题人员负责。课题组拥有充分的自主权，因此可以保证研究过程的独立性、调查和评估结果的客观性。当然，调查的质量和结果也全权由主持调查执行的课题组成员负责。

本课题的顺利完成离不开各方人士和机构的广泛参与和大力支持。在本书即将付梓之际，特对以下机构和个人表示感谢。首先，感谢中国篮球协会姚明主席、涂猛秘书长、关键之道体育咨询有限公司张庆总裁对本课题的关心，他们在百忙之中抽出时间参与了开题论证、问卷修订、中期报告、课题验收等环节和课题组会议，为课题的顺利完成提供了保障。国家体育总局群体司邱汝副司长，青少司王雷副司长、陈石处长，竞体司原副司长常耀，篮协姚明主席，中体协竞赛部部长赵俊杰，人民日报社体育部薛原主任，CBA 公司商务部原总监曹迪等人接受了课题组的深入访谈，为课题前期调研提供了帮助和指导。薛原主任和新华社体育部融发中心王镜宇主任作为专家，对本书初稿提出了宝贵的修改意见和建议。在此一并表示感谢。感谢清华大学沈原教授，北京体育大学杨桦教授、任海教授、鲍明晓教授从专业高度对课题所做的指导。感谢东方启明星靳星董事长、优肯丁仁海董事长等业内人士从篮球产业实践者的角度分享了他们的心路历程，为课题提供了丰富的信息。

其次，感谢新华社体育频道、《人民日报》体育部、中青在线体育和校园频道、网易体育频道、虎扑体育频道等媒体机构对问卷的推送和宣传。感谢上海兰华体育用品销售有限公司为调查提供篮球装备礼品。感谢北京益派数据有限公司提供的在线样本库调查服务，尤其是何建新副总裁领导的调查团队不辞辛劳地沟通和组织调查工作。课题其他专项问卷在问卷星平台上构建，在此对长沙苒星信息科技有限公司表示感谢。感谢社会科学文献出版社对本书出版和发行提供的高效而专业的服务和支持。副总编辑童根兴、群学出版分社社长谢蕊芬从出版角度对本书的谋篇布局提供了意见和建议，本书编辑孟宁宁在审稿和编辑工作中付出了大量劳动。

最后，要特别感谢遍布全国各地的推送和参与本课题调查问卷的所有个人和机构。没有这些个人和机构的参与，问卷调研工作也不会顺利进行。大量被访者在调查问卷开放题部分为中国篮球事业发展积极献计献策，留下了诸多富有见地的意见和建议，经整理，这些意见和建议达 30 万字。这体现了广大公众、体育专业人士和篮球运动爱好者对中国篮球事业发展的热心关注与支持，对中国篮球事业来说是一笔宝贵财富。

当然，由于课题涉及的主体和内容较多、数据结构复杂，且时间仓促、水平有限，本书还存在诸多不尽如人意之处，出现错误和纰漏等在所难免，很多地方也有待进一步研究和深化。对于书中存在的问题和不足，敬请广大体育从业者、篮球爱好者和读者见谅并不吝批评指正，我们将在今后的研究和工作中加以纠正和改进。我们相信，在各方关注和努力下，同心筑梦、共襄伟业，中国篮球事业的发展必将迎来更加辉煌的未来。

中国篮球运动发展研究课题组

2021 年 5 月 28 日

图书在版编目（CIP）数据

中国篮球运动发展报告. 2021：总体特征与多元价
值认知／中国篮球运动发展研究课题组著. -- 北京：
社会科学文献出版社，2021.11
ISBN 978 - 7 - 5201 - 9120 - 3

Ⅰ.①中… Ⅱ.①中… Ⅲ.①篮球运动 - 调查报告 -
中国 - 2021 Ⅳ.①G841.92

中国版本图书馆 CIP 数据核字（2021）第 200364 号

中国篮球运动发展报告（2021）：总体特征与多元价值认知

著　　者／中国篮球运动发展研究课题组

出 版 人／王利民
组稿编辑／谢蕊芬
责任编辑／赵　娜　孟宁宁
责任印制／王京美

出　　版／社会科学文献出版社·群学出版分社（010）59366453
　　　　　　地址：北京市北三环中路甲 29 号院华龙大厦　邮编：100029
　　　　　　网址：www. ssap. com. cn
发　　行／市场营销中心（010）59367081　59367083
印　　装／三河市东方印刷有限公司

规　　格／开 本：787mm×1092mm　1/16
　　　　　　印 张：16.75　字 数：186 千字
版　　次／2021 年 11 月第 1 版　2021 年 11 月第 1 次印刷
书　　号／ISBN 978 - 7 - 5201 - 9120 - 3
定　　价／98.00 元